# 保釣風雲錄

## 一九七〇年代保衛釣魚台運動知識分子之激情、分裂、抉擇

邵玉銘

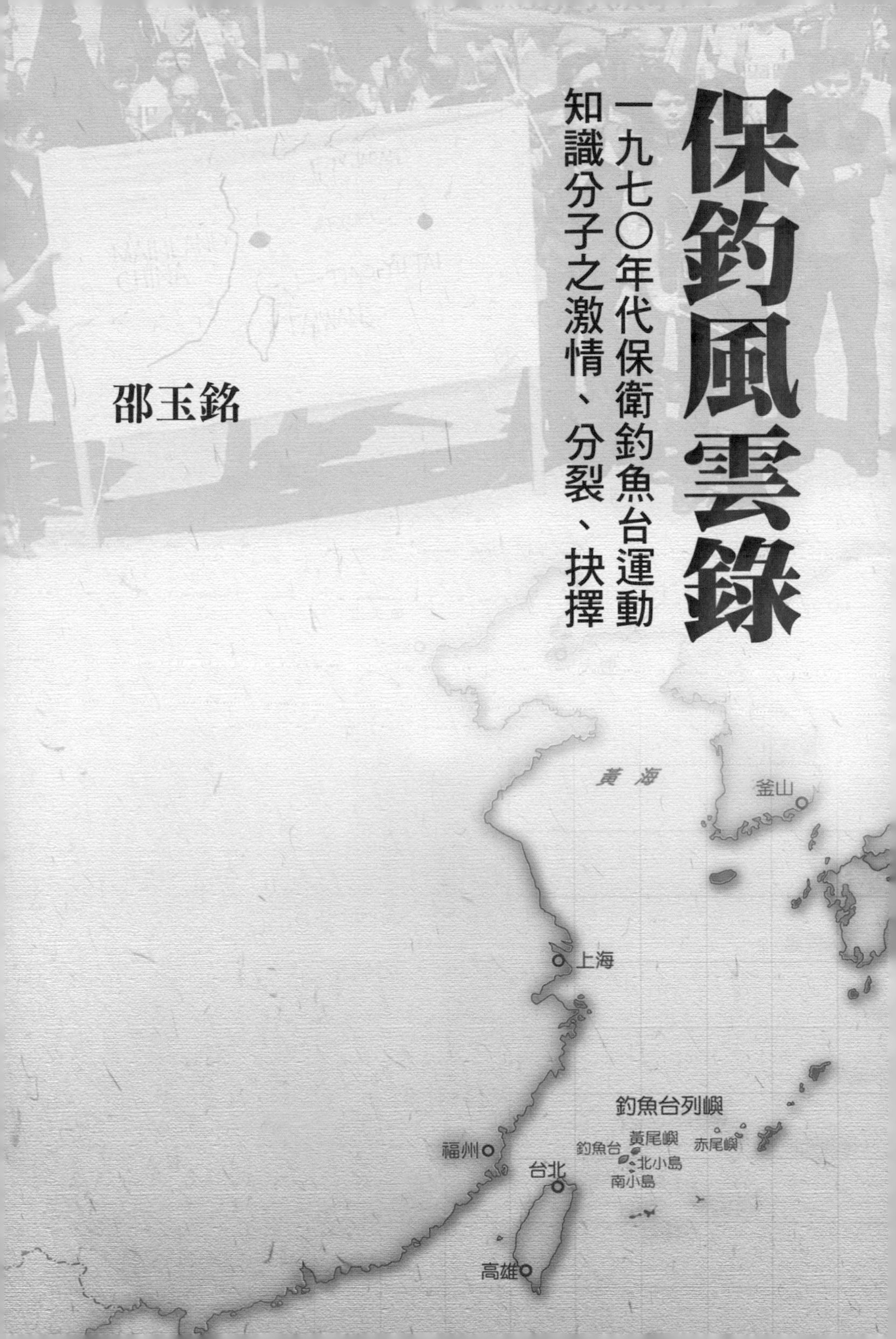

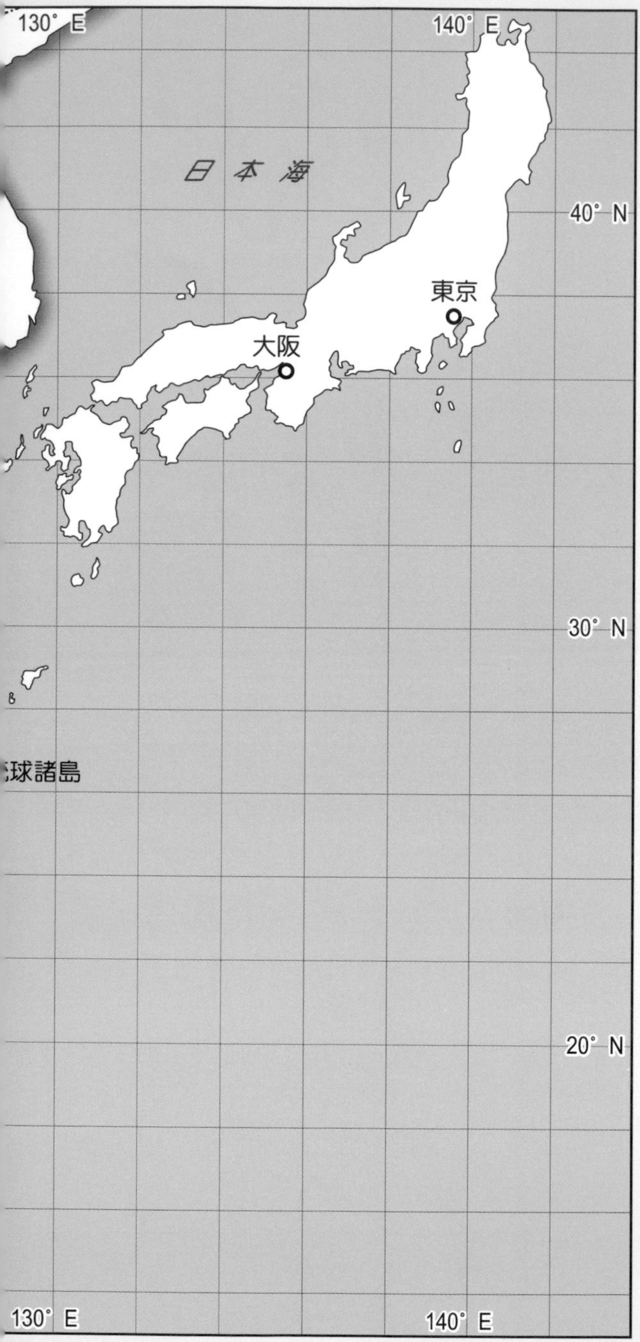


◀釣魚台列嶼由五個無人島（釣魚台、黃尾嶼、南小島、北小島、赤尾嶼）與三個岩礁組成，位於台灣東北方的東海中。該列嶼距離最近的中華民國領土彭佳嶼七十三浬，距最近的日本領土與那國島則為七十六浬。釣魚台列嶼附近水深不足兩百公尺，與中國大陸和台灣本島位處同一大陸棚，並與琉球群島以沖繩海槽相隔。

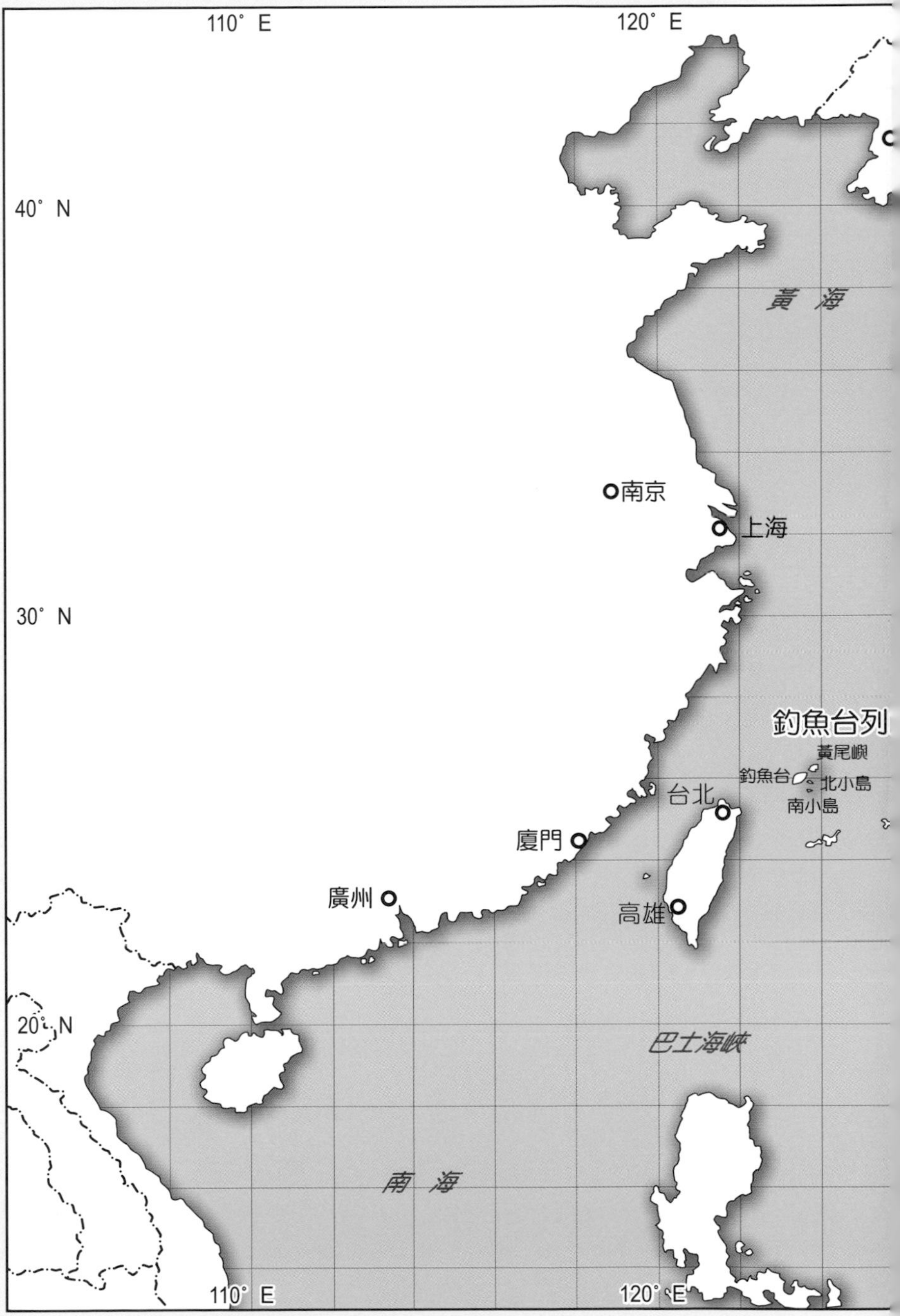

110° E
120° E
40° N
30° N
20° N
黃 海
南京
上海
釣魚台列
黃尾嶼
釣魚台
北小島
南小島
台北
廈門
廣州
高雄
巴士海峽
南 海
110° E
120° E

▲ 釣魚台（行政院海巡署 提供）

▲ 釣魚台列嶼的釣魚台、北小島、南小島及其他一些岩礁。（© 路透社）

▲ 一九七〇年九月二日，四名《中國時報》記者登上釣魚台，將國旗插在島上，並在礁岩上漆寫「蔣總統萬歲」五個大字。（© 中時資料庫）

▲ 一九七一年一月三十日台灣和香港留學生們在紐約舉行示威遊行。
（劉源俊　提供）

▲▼ 一九七一年四月十日美國、加拿大各地約有兩千五百人前往華府示威遊行。（劉源俊 提供）

▲ 一九七一年十二月二十五日至二十七日在華盛頓召開「全美中國同學反共愛國會議」，全體起立高唱中華民國國歌。（陳義陽 提供）

▲ 沈君山在「全美中國同學反共愛國會議」上談志願統一。

▲ 一九七二年五月十三日「全美中國同學反共愛國聯盟」（簡稱「愛盟」）及紐約中華公所在紐約舉行抗議遊行。（陳鵬仁　攝）

▲ 一九七二年五月十三日在紐約的遊行。（劉源俊　提供）

▲ 一九七一年四月十五日台大、政治大學、師範大學僑生一千餘人前往美國大使館表達抗議。（© 聯合知識庫）

▲ 一九七一年六月十七日，台大學生前往美國、日本駐華大使館抗議遊行。（© 中央社）

▲ 馬英九總統於二〇一二年八月提出「東海和平倡議」，同年十月十日刊登於美國四大報。（外交部 提供）

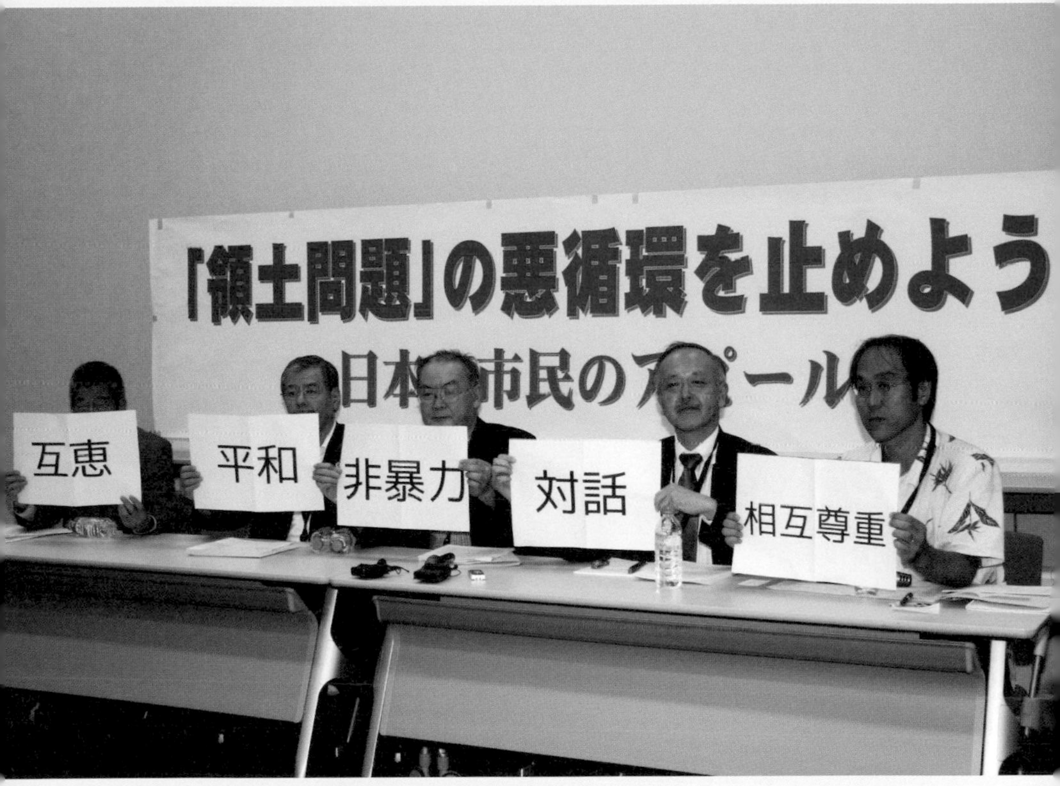


▲ 二〇一二年九月由日本諾貝爾獎得主大江健三郎等組成約五百人市民團體在東京召開記者會，批評日本政府處理島嶼問題不當，並推崇中華民國總統馬英九的和平倡議。（© 中央社）

謹以本書獻給當年真心保釣的朋友，

當年我們的一些理念雖然「殊途」，

但希望將來有一天，

我們或我們的後代能「同歸」於一個理想的國家。

保衛釣魚台運動本身不了了之，只便宜了一批左派，拿保衛釣魚台運動當進身階……至於尼克森訪問大陸後，紛紛跟著左轉的一批所謂海外學人，他們才是真正的投機分子……他們從前回台灣是歸國學人，被人捧到天上。現在回大陸又是學人，也被人捧到天上。這些人是永遠不會吃虧的……哪一邊能夠讓他們過足特權階級的癮，他們就倒向哪邊。

——張系國《昨日之怒》（一九七九年）

釣運真正深刻的影響發生在參加運動的每一個人身上。有人在釣運中成熟長大，脫胎換骨成了另一個人。有人在共同工作中結識了生死不渝的知心朋友，有人因此找到志同道合的伴侶，也有人為此妻離子散。有人毅然回到家鄉服務，也有人決心在異國終老。有人為這段時期的幼稚盲動羞愧，到現在還不願意去觸及記憶的瘡疤，也有人認為那些激動昂揚的歲月，是生命中最有意義的時光。如果說在時代的洶湧波濤中，釣運不過是短暫的一個小浪尖，構成這個浪尖的無數水花和泡沫，他們的奮鬥與掙扎、喧鬧與爭辯、探索與尋求、反省與沉思，也具體反應了那個時代的色彩與特徵。

——夏沛然（保釣人士）（一九八五年）

《夏潮》的運動直接的是跟保釣有關，那麼它的背後是文革的影響……《夏潮》這運動也是從美國輸入的，它是港台留學生在美國那個環境，而不是在台灣的土壤，在美國受到改變，然後再回到台灣，是從外面打進來的，先天上就有它的缺陷。不管怎樣，我個人認為《夏潮》不能離開保釣運動來思考，它是保釣運動的一部分……保釣這一批人，你要跟他談保釣，他一定懶得談，因為這是一個挫敗的經驗。

——陳映真（作家）（一九九四年）

亞里斯多德論悲劇時說過：「悲劇並非邪痞所產，而係脆弱與錯失所生。」在「統運」人士身上，我們看不到邪惡，而只看到了知識分子的脆弱以及因此而產生的錯失——知識分子總是喜歡在概念世界裡尋找理想，甚至不自覺的以他人生活世界作為賭注，這是一種知識分子獨特的傲慢與偏執，也是左右法西斯的源頭。

——南方朔（文化評論家）（一九九四年）

釣運帶給我的一個教訓是獨立思考的可貴。民族情緒、大中國主義、「啊，祖國」都是層次很低的東西。釣運帶給我的另一個教訓是，對於政權只能批判不能吹捧。對當政者歌功頌德或甘為走卒，最後只會造成可笑的結果，不但要隨著政局變化自打耳光，而且連帶也會把「運動」變成一場滑稽戲。

——花子虛(筆名；保釣人士)(一九九五年)

他們(作者註：一九七〇年代楊振寧等訪問大陸之學人)不見得對當時中國的真實生活沒有一點自己的獨立觀察，但對國家統一的強烈感情，讓他們的理性失去了對事實的反省……家國情感超越事實判斷，統一意念妨礙知識分析，資訊阻塞導致背離常識，輕信國家強大產生民族幻想。

——謝泳(廈門大學教授)(二〇〇八年)

期望保釣歷史的真實面目能夠被台灣社會所了解，終於能夠把保釣的火種延續下去。我相信這段歷史相當重要，不幸由於各種因素，這段歷史以及她呈現的理念與精神，在台灣社會被忽略了。再現這段歷史以及其蘊含的精神，對當今台灣應有參考價值，甚至對兩岸社會進一步發展也可能產生一些貢獻。

——林孝信(世新大學講座教授；保釣人士)(二〇〇九年)

# 目次

# 序言

一九七〇年，中華民國政府與日本政府發生釣魚台列嶼主權之爭議。一九七一年一月二十九及三十日，在美國之台灣留學生與香港留學生，共有數千人，加上一些華裔美籍學人，在美國華府、紐約、芝加哥、舊金山、洛杉磯、西雅圖和檀香山等七大城市，舉行保衛釣魚台大遊行，揭開保釣運動之序幕。同年四月九日及十日，又在舊金山與華府舉行第二次大遊行，約有四千人參加。一九七二年五月十五日，美國將二次大戰後託管的琉球以及釣魚台歸還日本，但有關釣魚台部分，美國政府聲明，它只歸還其「行政權」，至於釣魚台「主權」爭議，應由中日雙方自行解決，美國不持任何立場。歸還前二日，保釣人士一千餘人，在華府、紐約、洛杉磯舉行最後一次示威遊行，保釣運動在美國正式畫下句點。

二〇一一年是保釣運動四十週年。世新大學、清華大學、台灣師範大學、台灣大學以及政治大學，依序舉辦各種保釣會議與展覽。「反共愛國聯盟」（保釣運動中支持中華民國之台灣留學生，於一九七一年十二月，在美國華府成立）也舉行成立四十週年慶祝大會，一時保釣運動的記憶與火花又再燃起。

保釣運動本係一單純愛國護土行為，但因參加運動期間，有些學生支持台灣政府，有些擁護中共政權，遂造成兩派之分裂。一九七一年十月，中華人民共和國取代中華民國成為聯合國會員國，保釣運動中之左派學生隨即發起「中國統一運動」。支持台灣的學生，則在同年十二月成立「反共愛國聯盟」以相抗衡。台灣政論家南方朔說：「『保釣』未嘗不可說是一九四〇年代國共在美國華人社會間鬥爭的延長」[1]；又有人指出，中共總理周恩來曾將之稱為「新五四運動」[2]。我的看法是，這個運動雖沒能為台灣爭回釣魚台主權，但它促使海內外中國知識分子對兩岸政權加以檢驗，並做出取捨；在當年美國華人圈中，它可說是一個小型的「文化大革命」，一如大陸的「文革」，它也是一個「觸及靈魂深處的革命」。

二十世紀中國重要的青年運動可分為四次：第一次當然是一九一九年的五四運動，揭起「民主」與「科學」兩面大旗。第二次是一九三五年十二月九日的「一二九」運動，從北平至全國許多城市的學生都要求政府立即抗日，這影響了一年後西安事變的發生，促成了國共第二次合作，這也使得日本對華採取更激烈的侵略行動，終於爆發八年抗戰。第三次學生運動，是一九四五至四九年的「反內戰、反飢餓、反迫害」運動，全國各地學生發起一波又一波的反政府運動，加速國民政府在內戰的失敗以及中共革命建國的成功。總之，這三次學生運動都對現

1 南方朔，〈「保釣」的新解釋〉，《印刻文學生活誌》，第七十四期（二〇〇九年十月），頁八六。

2 龔忠武，〈一九七〇釣運春雷傳遞的時代信息——兩岸大和解〉（二〇〇九年五月二日），中國文革研究網，http://wg1976.net/read.php?tid=21236。

代中國命運有重大的影響。

第四次就是一九七〇年十二月至一九七二年五月，在美國發生的保衛釣魚台運動。就規模、人數及持續時日而言，應是一九四九年以來，在中國大陸地區以外、最大的一次青年運動。在這四次青年運動中，以這次參加保釣運動人士的知識水準最高，他們都受過最完整、也是最好的教育，從小學一直到研究所。在美國大學任教的華裔美籍學者中，也有不少人參加保釣運動，他們在美國都望重士林，有人甚至得過諾貝爾獎，他們在保釣運動中的言行，應當和學生們一齊檢驗。

個人認為，保釣運動對中國知識分子而言，不僅是一面鏡子，它甚至是一個顯微鏡，讓我們可以很清楚看見他們思想的脈絡，情緒的起伏，以及言行的真偽。他們之中，有人在此一運動期間，把愛國家、愛民族，喊得震天價響，但事後則繼續留在美國安居樂業；有人則把這些情感付諸行動，事後到台灣、香港及中國大陸服務。所以，本書之重點，是檢視參與保釣人士當年之言行，其後之省思，以及最後生涯之抉擇。個人認為，真正的知識分子都應有一種胸懷，就是要對自己及歷史負責。德國社會學家韋伯(Max Weber)認為，人的政治行為必須兼顧「意圖倫理」(ethic of intentions)與「責任倫理」(ethic of responsibility)，不能因「意圖」崇高，而不計「責任」後果。筆者撰寫本書的目的，是讓知識分子知道，參與公共事務時，必須慎思明辨，言行一致，才能扮演好自己的角色，以不辜負社會之期望。

保釣運動迄今已逾四十年，許多有關當年美國保釣運動的原始資料已紛紛出現，共計六大冊，由台北之「人間出版社」及「海峽學術出版社」出版，約計五千頁，超過一千萬言。北京之清華大學與台灣新竹之清華大學，均設有特藏室或文獻館，彙存當年保釣人士所捐贈之保釣史料。另外，當年許多保釣各派人士也紛紛出書，或發表文章，或接受以上兩校之錄音專訪，暢談其參加保釣的心路歷程[3]。

中華民國政府外交部，於二〇〇六年，將政府處理釣魚台運動之黨政資料，移交中央研究院近代史研究所，存其檔案館。另美國史丹佛大學胡佛研究所，收藏蔣中正總統之日記。在其一九七〇年及一九七一年日記中，亦有少許記載其對釣魚台主權問題及保釣運動之看法。

至於美國政府處理所謂「尖閣群島」之有關檔案或資料，也大致公開，這包括：一九六九

---

3 保釣左派人士出版品主要有：林國炯等編，《春雷聲聲——保釣運動三十週年文獻選輯》（台北：人間，二〇〇一）；龔忠武等編，《春雷之後——保釣運動三十五週年文獻選輯》壹、貳、參（台北：人間，二〇〇六）；春雷系列編輯委員會，《崢嶸歲月，壯志未酬》（台北：海峽學術，二〇一〇）。
右派人士出版品主要有：邵玉銘主編，《風雲的年代——保釣運動及留學生涯之回憶》（台北：聯經，一九九一）；任孝琦，《有愛無悔：保釣風雲與愛盟故事》（台北：風雲時代，一九九七）；愛盟編著，《愛盟・保釣——風雲歲月四十年》（台北：風雲時代，二〇一二）。
自由派或中間派人士之著作，有沈君山，《尋津集》（台北：遠流，一九八九）；李雅明，《惑》（台北：中央日報，一九八六）等。
至於敘述保釣人士之心路歷程最詳盡者，莫過於劉大任，其相關著作，請見本書所引註釋。
二〇一〇年，台灣清華大學出版《啟蒙・狂飆・反思——保釣運動四十年》（新竹：清華大學，二〇一〇），收錄保釣運動各派人士之文章。

年至一九七二年國務院之《美國外交關係》(*Foreign Relations of the United States*)有關中國部分；美國中央情報局對於尖閣群島問題一些研究報告；美國尼克森總統圖書館所收藏有關討論釣魚台問題之錄音帶等。以上這些出版品及資料，均可在本書各註釋中見之。

由於以上史料均已大致完備，筆者認為敘述並評論一九七〇年代保釣運動之時機已到。一九七〇年代在美國之保釣運動，一直未有專書敘述其來龍去脈，也未有人對此運動做一評估。個人當年參加此一運動，有許多刻骨銘心的經驗，所以過去三年來，一直投入此一工作，現不揣冒昧，將研究成果，敬供國人參考。

本書第一部分，是討論一九七〇至七二年在美國的保釣運動。本書第二部分，則討論一九七〇年代，台灣大學生及知識分子所從事的保釣運動，以及其後掀起一股又一股「革新保台」與政治民主化的浪潮。至一九七〇年代末期開始，台灣的思想與政治戰場，即由「鄉土」逐漸轉為「本土」，黨外運動正式展開，至一九八〇年代後期，台灣政治民主化終於大致實現。個人認為，無論在美國或在台灣之保釣運動，對於其後台灣的文化內涵及政治板塊都有重大影響。由於筆者在一九七〇年代，身居美國而不在台灣，故本書對第二部台灣保釣運動之敘述，多依靠他人著述，並無親身經驗，著墨遠比第一部分美國保釣運動為少，尚請讀者明察。

一九九四年，陳映真先生在回答一位年輕人有無保釣專書問題時，他表示當時沒有，但他希望有一個保釣簡史出現，並說出他的理由：

第一個要事實的記載，你們這一代才能記載，才能做批判；第二個自我批評，比方說為什麼這個運動是在北美洲，裡面的組織啊！路線啊！發生怎麼樣的問題，都應該有個交代。我一直希望保釣運動史能夠出來……就是seventies，為什麼會有一種反冷戰時代的意識型態，然後忽然就消失了……這個問題一定要追究。[4]

我非常同意他的看法，所以本書也可算是我對一位素昧平生人士的回應。

最後要聲明的是，如前所述，本書的重點放在對在保釣運動中知識分子當時以及其後問政言行之檢討，以及對整個保釣運動之評價。所以本書不是保釣運動的全史，對於保釣運動許多細節，並未多加敘述。另外，對於過去四十年來兩岸四地（台灣、大陸、港、澳）政府與民間人士所進行的實際保釣行動，亦不觸及。讀者如對此些細節及行動有興趣，請參閱其他資料。

4 郭紀舟，《七〇年代台灣左翼運動》（台北：海峽學術，一九九九），頁四七五。

| 第一部 |

# 美國華人的保衛釣魚台運動

## 一・源起

一九六八年，「聯合國遠東經濟委員會」在黃海及東海地區進行地質勘測，中華民國與日本均派人參加。勘測結果預測釣魚台列嶼附近、東海的大陸礁層可能蘊藏大量石油。翌年七月，我方政府宣示對大陸礁層擁有主權。一九七〇年七月，日本政府以外交照會否定我國對該海域持有之權利，我政府予以反駁，爭端遂起。假如日本享有主權，則對該列嶼附近三浬領海以內的海底資源就能主張權利，甚至分享我國東海廣大的大陸礁層資源。一九七〇年八月，我政府批准「聯合國大陸礁層公約」，九月公布「海域石油礦探採條例」，並與七家美國石油公司簽約進行探測工作[1]。

關於中日釣魚台的爭執，日本政府所持觀點主要如下：一、一八九五年一月，日本內閣認為釣魚台列嶼為無人島(terra nullius)，因此決定根據國際法的「先占」(occupation)原則，由琉球加以占領；二、一八九五年四月，清朝與日本簽訂馬關條約，將台灣及其附屬島嶼與澎湖列島割讓給日本。由於釣魚台早在當年一月即由日本以無主地占領，並不包括其內，所以一九四

[1] 丘宏達，〈從國際法觀點論釣魚台列嶼問題〉，收入林國炯等編，《春雷聲聲——保釣運動三十週年文獻選輯》(台北：人間，二〇〇一)，頁二七—三三；馬英九，〈釣魚台列嶼主權爭議〉，收入任孝琦，《有愛無悔：保釣風雲與愛盟故事》(台北：風雲時代，一九九七)，頁二八二—三〇二。

五年日本投降，將台澎列島交還中國，當然不包括釣魚台；三、一九六八年聯合國地質勘測之前，中華民國政府及中華人民共和國從未對該列嶼提出主權之主張[2]。

中華民國政府之立場則是：一、釣魚台列嶼不是無主地，許多清朝史冊將之列為台灣之屬地。二、一八八四年，日本沖繩縣令曾呈請日本內務省，將釣魚台列嶼劃歸其管轄並設立國標，但是日本外務省表示反對，理由如下：

> 近來中國報紙盛載我政府占據台灣附近的中國屬島，我們若於此時遽爾公然建立國標，反易招致中國的疑忌……至於建立國標及開發此些島嶼之事，應俟至他日適當時機。

根據這份文件，足證釣魚台不是無主地而屬於中國。三、根據國際法，「先占」必須是無主地，並加以公告，但日本在一八九五年占領後，並未公告，不符合國際法之規定；四、釣魚台既屬台灣省，日本戰後將台澎各島歸還中華民國，這當然應包括釣魚台；五、釣魚台在地質上與台灣東北島嶼一脈相承，跟琉球群島之間有一深達兩千呎以上之海槽，所以釣魚台為我國陸地領土的自然延伸，與琉球完全隔開；六、在歷史上，中國人最早發現釣魚台列嶼並為之命

2 Ministry of Japanese Foreign Ministry, "The Basic View on the Sovereignty over the Sankaku Islands" (November, 2012), http://www.mofa.go.jp/region/asia-paci/senkaku/senkaku.html

名。[3]

一九七〇年九月二日，有四名《中國時報》記者登上釣魚台，將國旗插在島上，又在國旗前面的礁岩用白漆寫上「蔣總統萬歲」五個大字。九月十五日，沖繩的警察將我國國旗降下。九月十八日，外交部發言人魏煜孫對此事竟表示：「本人不擬加以任何評論」，引起許多批評。[4]

此事經過媒體廣泛報導後，台大哲學研究所學生王曉波與台大政治研究所學生王順寫成〈保衛釣魚台〉一文，並引用羅家倫在「五四宣言」中的名言：「中國的土地可以征服而不可斷送，中國的人民可以殺戮而不可低頭」，該文刊於十一月號的《中華雜誌》。十一月二十一日，在普林斯頓大學一個台灣與香港留學生的聚會上，幾位同學看了這篇文章後非常激動，決定在十二月十六日在該校成立保衛釣魚台行動委員會，並於翌年一月三十日在紐約舉行示威遊行。[5]十二月二十九日，中國大陸《人民日報》發表文章，指出釣魚台為中國領土，並引述毛主席指出：「中國的領土主權，中國人民必須保衛，絕對不允許外國政府來侵犯。」[6]

---

3 Han-yi Shaw, "Revisiting the Diaoyutai/Senkaku Islands Dispute: Examining Legal Claims and New Historical Evidence under International Law and the Traditional East Asian World Order," *Chinese (Taiwan) Yearbook of International Law and Affairs*, Vol. 26, 2008（Taipei, 2010）, pp.102-146.

4 《中央日報》，一九七〇年九月十九日，第三版。

5 任孝琦，《有愛無悔》，頁一九—三一。

6 《人民日報》，一九七〇年十二月二十九日。

## 二・一月二十九、三十大遊行

參加聚會的胡卜凱，立即與當時在芝加哥大學創辦《科學月刊》的林孝信聯絡，希望藉該刊的聯絡網討論保釣行動。一九七一年一月，《科學月刊》的保釣「討論號」出版，發送全美許多校園，各校保釣委員會紛紛成立。

一月二十九、三十日遊行之前，爆發了幾件事，刺激了一些中國同學。第一件事，是釣運前半年，即一九七〇年七月，嚴家淦副總統訪問日本，主持在大阪舉行的萬國博覽會「中國日」的揭幕典禮。其實，嚴家淦訪日尚有重要原因。在六月，中共總理周恩來宣布「中國日本貿易四原則」，規定凡要和中共做生意的日本工商業，必須百分之百切斷和台灣的經濟來往。台灣為了鞏固跟日本的經貿關係，決定由嚴副總統訪日。台灣向日本提出三億美金的貸款要求，用途是支援台灣南北高速公路及造船等計畫。以上這些事情本來無任何問題，但是，日本天皇決定在七月七日接見嚴副總統，由於該日正是盧溝橋事變紀念日，海外民族意識高漲的留學生不能接受[7]。第二件事是，十二月二十一日，在東京召開「中日韓聯合開發海底資源會議」，這時保釣運動已蓄勢待發，在美的留學生又擔心台灣政府為了向日本貸款，又要共同開

[7] 〈打倒日本軍國主義〉，《戰報》，第一期（柏克萊保衛釣魚台行動委員會，一九七一年二月十五日），頁五三。

發海底資源，會不會出賣國土[8]？

一九七一年一月三十日，台灣和香港留學生在華府、紐約、芝加哥、西雅圖、洛杉磯、檀香山等地舉行示威遊行。其中規模最大的是在紐約，約有一千五百位學生參加，來自三十個不同院校，十七個地區，遊行隊伍分別到日本駐美大使館和總領事館遞交抗議書。

我當時在芝加哥大學歷史系攻讀博士學位，因為支持保釣，所以也參加了一月三十日在芝加哥的保釣遊行。該日雖然陽光普照，但滿地冰雪，又因為颳風，氣溫降到零下十度以下。當天一共有三百多人參加，我們芝加哥大學的學生約有六十人。我們在中午十二點抵達日本領事館，因係週末沒人辦公，只能在門口高喊保釣口號。參加這次遊行後，我開始對釣魚台主權爭議進行研究，也開始注意保釣運動。但我認為，以當時我國對日本經貿的依賴，以及需要日本支持我國在聯合國的席位，政府不會採取強硬的保釣行為，事後發展果真如此。

但是在舊金山的遊行，卻提早一日(一月二十九日)舉行，這是因為加州大學柏克萊校區的同學認為，一九三五年十二月九日曾發生著名的要求政府立即抗日的「一二九學生運動」，所以選擇一月二十九日，取其諧音，以延續當年抗日的精神。遊行隊伍分別到中華民國駐舊金山總領事館以及日本領事館提出抗議，共有五百人左右，大多數為華埠的愛國僑胞及美籍人士，來自台灣的學生只占少數。

8 任孝琦，《有愛無悔》，頁四二一。

遊行前，舉行示威大會，首先由發言人劉大任（台大哲學系畢業，加州大學政治學研究生）呼籲全體同學團結一致，向台灣、日本及美國三個政府提出嚴正抗議。加州大學郭松棻（台大外文系畢業，加州大學比較文學研究生）針對台灣參加遊行的學生太少一事，提出強烈批評說：

在這次保衛釣魚台的行動過程中，我們看清楚了從台灣來的中國人的真面目，一句話，就是政治冷感，更確切的說，就是患了政治陽痿症，你就是把他脫了褲子，再怎麼搓，都是不舉的，都是硬不起來的……如果這個（台灣）政權沒有為人民利益打算，我們便要本著五四愛國的精神，聯合一致來批評這個政權，如果經過了批評指責，這個政權仍然矇混敷衍，站不起來，成了一個扶不起的阿斗，那麼我們主張打倒這個政權！……這次釣魚台事件對於國民黨政府是一塊試金石……今天的一二九大會就是中國第二個五四運動的開始！[9]

示威行動中，加大歷史系教授休爾曼（Franz Schurmann）以英文演說，指出美國與日本都是軍事與經濟大國，尤其雙方財團和石油公司都想壟斷從南韓、釣魚台、菲律賓到印尼整個地區的石油資源，來支援美國的帝國主義及日本的軍國主義，釣魚台事件即是一例。他復稱讚，在整

9 郭松棻，〈「五四」運動的意義〉，收入林國炯等編，《春雷聲聲》，頁二一四—二一七。

個東亞，只有一個有七億人口的中華人民共和國敢於反抗美日[10]。

加州大學柏克萊保釣分會，於二月十五日出版《戰報》第一期「一二九示威專號」。郭松棻認為，許多中國同學看不清整個世界，他將他們通稱為自由主義者，並將他們分類成八種，痛加斥責，其中包括：

> 第一種自由主義者是永遠想看戲的。在美國兩萬多中國留學生當中，有太多的碩士行屍、博士行屍和教授行屍。
>
> 第二種自由主義者是國民黨白色恐怖下的犧牲品。他們是一群心理癱瘓的自由主義者，患了早發性癡呆症。
>
> 第三種自由主義者，是那些仍舊存有「萬般皆下品，唯有讀書高」的封建思想的學生教授。
>
> 第五種自由主義者是投機分子……目前該走的是：走小蔣路線，可做的是：搞留學生飛機（註：指經營留學生回台來回包機）。
>
> 第八種自由主義者，也是唯一比較貨真價實的一種，因為他們有思想、有言論……胡適之便是其中的抽樣代表，當年胡適之主張「點滴改良」，不管原則，不理主義。

10 同上，頁三一八—三一九。

這批林林總總，種類不一的自由主義者都是一群烏龜王八！[11]

劉大任與郭松棻等人，都是加州大學柏克萊校區保釣分會的大將，他們的激進言行和當時柏克萊校區的氣氛有關。

在六〇年代，加大柏克萊校區是支持黑人民權運動、反越戰及反主流文化運動(counter culture movement)的「聖地」。一九六八年加州州長雷根(Ronald Reagan，為加大校董會主席，後任美國總統)到加大主持會議，傳說會上將討論加大與國防工業有關的一項研究計畫，這激怒了許多反越戰的加大學生，他們集結在一起，向雷根抗議。劉大任描寫他們辱罵雷根的情節：

一走進校園西邊的入口，便鋪天蓋地傳來一片口號聲。「給我一個F！」擴音器中傳出鬱沉雄實的男中音，接著是上千群眾的和聲回應；「給我一個U！」群眾吼「U！」；「給我一個C！」……「給我一個K！」……「給我一個R！」「給我一個E！」「給我一個A！」……「Fuck Reagan！」[12]

---

11 郭松棻，〈當頭棒打自由主義者〉，《戰報》，第一期，頁一七—二一。

12 劉大任，《赤道歸來》（台北：皇冠，一九九七），頁二〇〇。

劉大任走向左傾道路，其中一個情節是他在一九六八年初夏，在加大校園看了格林（Felix Greene）拍攝的紀錄片《中國》（*CHINA*），他描寫看電影的情景：

前五分鐘是黑白片，畫面重複介紹災難深重的舊中國——黃河決堤，斷垣殘壁，災黎遍野，日機轟炸下的上海，外白渡橋上水洩不通的逃難人群……然後，一陣喧天的鑼鼓，嘹亮的軍號響徹雲霄，接著，「起來！不願做奴隸的人們……」鏡頭一轉，銀幕先黑後亮，一面嶄新的紅旗占滿畫面，鏡頭後拉，天安門廣場上，百萬群眾歡欣鼓舞，城樓上，紅旗下，毛澤東舉起了大手，莊嚴宣布：「中華人民共和國成立了，中國人民從此站起來了……」

一向以「十歲以後沒流過眼淚」自豪的我，那天晚上，躲在親人、朋友不知的角落裡，任由眼淚奪眶而出。這是我一生中的第一面紅旗，它影響、支配了我以後至少十年的命運。[13]

至於郭松棻的左傾，和他的家庭背景有關，使他從學生時代就有反蔣的情懷。其父親畫家郭雪湖與畫家陳進、林玉山有「台展三少年」（註：「台展」指台灣美術展覽會）之稱，晚年獲頒中華民國行政院文化獎。郭松棻有次接受訪問時說：「翻開我們家的相簿，每隔一頁就有一、兩位在二二八事件失蹤或死亡的親人。」他在一九六〇年接受社會主義思想，他自嘲地

13 劉大任，《我的中國》（台北：皇冠，二〇〇〇），頁五三—五四。

說：「連沙特（Jean-Paul Sartre）都去北京朝聖了，知識分子再不左傾就太落伍了。」[14]另外一個因素，是他對其台大老師殷海光無力扭轉國民黨的右翼思潮，感到非常失望。他對殷海光去世前一再遭受政治迫害，除了憤懣，也做了以下評論：「沒有武裝起來的烏托邦思想與強權相遇時，不免像一隻坦克底下的蝴蝶……果真要令人失望的，其實是作為殷師思想的基盤的這個龐大的、虛匱的自由主義。」他將殷海光老師之反抗政府行為，評為「極其徒勞」，並說：「我們這一群他的學生已經沒有人想繼他再去做烈士了。」[15]

劉大任、郭松棻的另一位戰友是董敘霖，他對國府的不滿更加激烈。一九七〇年十月十八日，保釣運動發動前兩個月，中華民國副總統嚴家淦在舊金山華埠主持觀光牌樓的剪綵典禮時，董敘霖先以英文大喊：「你知道在台灣有多少政治犯被捕後沒有公平審判就處決？每十五位女性，包括老的、小的，就有一人是妓女。上萬的窮農、工、軍人，必須把女兒和妻子賣入娼門，因為他們要活下去！」他接著用中文喊：「嚴家淦，我說的是不是真的？」接著他被警察以擾亂安寧逮捕，後來無罪釋放[16]。

一二九、一一三〇遊行結束後，參加保釣的學生稍喘口氣，卻發生了另一件事。二月五日台

14 任孝琦，《有愛無悔》，頁一一、一〇一。
15 陳萬益編，《郭松棻集》（台北：前衛，一九九三），頁二二九。
16 董敘霖，〈我的被捕〉，《戰報》，第二期（柏克萊保衛釣魚台行動委員會，一九七一年六月一日），頁一七。

北《中央日報》發表社論，認為日本在其現行憲法與民主政體之下，不至於發展成軍國主義；又說由於中共反對美日合作，反對中(台)日韓合作，同時也反對蘇日合作，因此中共對日本軍國主義的指控，是政治宣傳，並無事實根據。

這種言論，在當時非常不受學生歡迎。他們指出，一九七〇年十一月，日本極右翼作家三島由紀夫煽動日本自衛隊叛變，並憤而自殺，日本防衛廳長官中曾根康弘，竟稱讚「三島事件」對日本有很大的感召力。美東地區學生編輯一份「釣魚台簡報」指出，現在日本三井、三菱等大企業，以推行工業軍事化大搞企業合併，與美國合作搞火箭導彈、核子工程、軍火聯營；日本的防衛白皮書上說，核子武器在憲法下是可能的；一九七〇年八月十五日，日本裕仁天皇親自為第二次世界大戰戰歿的日本英魂致默哀；以及一九七一年佐藤政府大喊「大和魂無敵」，其中口號有「八紘一宇」、「七生報國」、「神武創業，昭和維新」、「以天皇為中心」、「萬世一系的皇軍」、「大和魂」等莫名其妙的詞句。在留學生尖銳反日情緒下，許多保衛釣魚台刊物，都齊聲譴責《中央日報》這篇社論，認為是為日本軍國主義漂白之作[17]。

一月保釣大遊行之後，台灣政府為安撫留美學生，於二月特派教育部國際文教處長姚舜及中國國民黨中央黨部第三組副主任曾廣順來美訪問各地。《戰報》報導了二月十四日姚舜和加州大學中國同學見面的經過；內文中提到一位同學的發言，證諸保釣運動日後發展，頗具遠

[17]《釣魚台事件真相》(香港：七十年代月刊，一九七一)，頁九五—九七。

見：

我們聽到兩個「謠言」說，因為這兩個原因使政府今天不敢對日採取強硬外交：一、政府要向日本貸款，二、政府要換取日本在聯合國一張支持票。無論是否如此，用領土主權去交換貸款或席位都是說不過去的。此外，這次海外留學生有這樣一次保衛釣魚台運動，其意義是不可等閒視之。許多人雖然沒有講話，但心裡的憤怒是難以形容的。如果政府對釣魚台事件沒有斷然有力的措施，那麼將來這邊的示威運動的發展將會遠超出政府想像之外的，這絕非危言聳聽，這是事實。[18]

《戰報》也刊登打油詩，把台灣的政府官員臭罵一頓：

釣魚台、東海　一朵花，漁民作業要靠她，
海底石油白花花，老美小日垂涎她，
千方百計一把抓。沈劍虹，做事差，
硬把美軍往上拉。嚴家淦，鹹鴨蛋，

18 《戰報》，第一期，頁六七。

七月七，到東京，日皇一招手，叩頭響叮叮。
蔣政權，蒙嗑嗑，發表聲明軟趴趴，
日人一聲吼，群官滿地爬。
三歲小兒知廉恥，群眾大會叫哇哇，
人民憤怒齊聲喊；幹掉這批老王八！[19]

《戰報》是海外保釣運動所有學生刊物中，最激烈、最搶眼的，但效果則兩極。反台灣、親中共的學生，認為它火辣、勁麻、痛快淋漓。但對台灣政府沒有太大敵意、對中共沒有太大幻想的人，則為之側目。所以《戰報》出了兩期後，就改名為《柏克萊快訊》。據紐約保釣行動委員會召集人李我焱（註：李在台大念書時組織讀書會，看左翼文學，被警總關過五年，後赴美留學，取得哥倫比亞大學物理學博士；在一九七一年九月，他率領其他四位左派保釣人士，應中共邀請訪問大陸）告訴劉大任說：「周（恩來）總理讓我轉告你，《戰報》的字要寫大一點，毛主席眼睛不好，看得很辛苦。」[20]

三月十二日，全美各地保衛釣魚台行動委員會聯名致函中華民國政府，提出十點要求：

---

19 同上，頁六〇。
20 劉大任，《我的中國》，頁七三。

一、在三月二十九日前，正式照會各有關政府，釣魚台列嶼為中國領土，不容侵犯。
二、嚴正譴責日本政府之蠻橫侵略行為，強烈抗議美國國務院之無理聲明。
三、派兵進駐釣魚台列嶼，派艦巡邏其附近海域，以確保我領土主權之完整，及維護漁民之安全。
四、阻止日本在該列島私設氣象台，並沒收其非法界碑。
五、永遠停止參加所謂「中日韓」三國共同開採海底資源之會議，並公布第一次會議之記錄。
六、公布與四家美國石油公司所簽合約之全文。
七、在海內外公布一切有關釣魚台外交交涉之經過及記錄。
八、追究責任，撤職查辦失職失言之官員。
九、澄清外交及新聞官員所做之失職誤國言論。
十、不得壓迫國內外之愛國運動。開放國內言論，報導有關釣魚台之一切發展。並於接獲此信後，在五天內公布於《中央日報》海內外版、《香港時報》及其他中華民國政府機關報紙。

這等於給台灣政府下了一個哀的美敦書。

三月十六日，由加州大學柏克萊校區的陳省身、田長霖等教授，發起學人聯名，上書蔣總統，共有五百二十三位學人簽名，內容為：

蔣總統鈞鑒：釣魚台群島為中國領土，法理史實均確定無疑。同人等謹請政府保持堅定立場，抵抗日本新侵略。並在釣魚台主權問題未解決之前，請堅決拒絕參加所謂「中日韓聯合開發海底資源協議」之簽訂會議。同人等身居海外，心繫邦國。事關國家大計，不忍緘默，至希垂鑒。旅美教育界科學界同人敬啟。

三月十九日，總統府祕書長張群代總統函覆政府立場：

一、釣魚台列嶼主權之歸屬，寸土片石，政府將據理力爭。
二、中、日、韓三國民間代表商討之共同開發海底資源問題，會議事項與釣魚台列嶼之主權及該海域之大陸礁層實無關聯。[21]

這時美國也開始表示立場。有位中國女學生寫信給尼克森總統(Richard M. Nixon)，抗議美國在釣魚台事件上偏袒日本。美國國務院中華民國科科長修司密(Thomas Shoesmith)，於二月二

21 任孝琦，《有愛無悔》，頁六九、七〇、八三；《釣魚台事件真相》，頁一一〇。

十二日代表尼克森回信，主要重申美國將於一九七二年將釣魚台之「行政權」交還日本，至於釣魚台主權之爭議，應由爭議各方談判解決[22]。

這時保釣運動已成燎原之勢。姚舜在美國各地解釋，各處挨批，尤其在加州大學、芝加哥大學和哥倫比亞大學，被學生羞辱到極點。他在三月上旬回國，剛抵國門就被召至國民黨中常會報告。他建議政府：「一、派軍艦赴釣魚台海域巡弋。二、暫停中日韓三國共同開發海底資源案。三、再度正式聲明釣魚台是我國領土。」他同時強調「這三項要求都是學生提出來的底線，只要做到這三件事，學生同意取消遊行」。中常委周至柔將軍發言，建議派軍艦去巡邏，但國民黨大老谷正綱堅決反對。結果，姚舜說，「沒有討論，沒有研究，沒有對策，就宣布散會。」姚舜走出會場時，只覺得「非常、非常沮喪」。多年後，他說：「甚至直到今天，他仍不明白為何當時政府不能採取一些行動。」[23]

22 《釣魚台事件真相》，頁一一二—一一三。
23 任孝琦，《有愛無悔》，頁七一—七二。

## 三・四月十日大遊行

一二九、一三〇遊行後，並未達到立即效果。由於「中日韓聯合開發海底資源會議」仍將於五月再度召開，各地保釣會代表開會決定在四月十日於華府舉行大遊行，以迫使政府中止三國共同開發計畫。

在遊行前，國民黨海外黨部展開一波文宣攻勢。四月六日《中央日報》刊出一封署名為「西部中國學生愛國聯盟」的公開信，點名批判左派學生劉大任、郭松棻等人是「毛蟲」、「共匪特工」。四月七日，該報又轉載「留美中國同學聯合會」機關刊物《學聯通訊》的社論〈運動方向何處去〉，呼籲留學生「堅持保衛釣魚台運動之愛國方向，不許野心分子污辱愛國運動！」

四月九日，北加州保釣會在舊金山舉行示威遊行，約有兩、三百名（左派稱五百多人）學生參加，其中大部分為香港僑生。上台演講人之一的曹贊美，謾罵台灣政府官員說：「狗官控制台灣，如此無能、濫施壓力，應該把狗官拋落茅廁。」這時國民黨海外黨部預先部署幾名人員衝入會場，雙方發生互毆，最後由美國警察制止。這樣的衝突使示威學生士氣大受影響，他們先到台北駐舊金山總領事館宣讀致政府公開信，又轉往日本領事館抗議，然後草草結束[24]。

24 任孝琦，《有愛無悔》，頁七四—七七。

四月十日，在美國、加拿大各地共有約兩千五百人前往華府遊行，大會主席兼遊行總指揮為李我焱，演講人有賓州大學學生王正方等人。他們下午一點，先到美國國務院，推出三位代表遞送抗議書，與中國事務科長修司密會面，修司密重提美方前述立場。第二站，他們到中華民國駐美國大使館，派約翰霍普金斯大學錢致榕、天普大學程君復和康乃爾大學葛時俊等三人為代表，由周書楷大使接見。哈佛大學學生廖約克則在館外發表演說，以動人、感性的語調說：「我們所愛的是中國，是有著五千年歷史、七萬萬同胞、每一寸土地都馨香、每一捆草木都芬芳的唯一的中國。」當他問到「中國人站起來了沒啊」時，滿場群眾霍然起立，每個人眼中都含著淚水。

三位代表向周大使提到三月十二日那封〈致中華民國公開信〉的十項要求，周大使表示對該信並不清楚，但一一解釋政府立場，大意是：政府已照會各國政府，釣魚台是中國的；為顧及邦交，派艦巡邏並不合適；已向日本抗議無人氣象台一事；中日韓會議內容已公布；否認政府曾對愛國運動採取任何打壓行動，國內也沒有違反新聞自由等情事。周大使復說，他不能代表政府答覆，只能以個人身分表示意見。三位代表向遊行人士報告周大使的答覆，大家群情激憤要求周大使當眾答覆，未果，芝大林孝信同學回憶說：

> 學生覺得剛剛在美國人那裡受了委曲，大使就像自己的父母，我們一心希望在這裡得到安慰，結果他連出來看我們都不肯！政府就在這一刻斷送了海外的民心！

遊行隊伍隨後到日本大使館抗議。代表人員向日本人員提出釣魚台主權的歸屬問題，對方回答「不予置評」。當進一步追問「為何不予置評？」時，對方說：「你們的政府不也不予置評嗎？（作者註：這應係指前述外交部發言人魏煜孫，曾對琉球將台灣四名記者置於釣魚台上之國旗拔除一事，表示不予置評。）」[25] 遊行隊伍邊走邊唱著〈保衛釣魚台戰歌〉，詞曲由威斯康辛大學同學所作：

滾滾狂濤　東海之遙　屹立著一群美麗的小島
釣魚台　英勇地俯視著太平洋
釣魚台　捍衛著我們富饒的海疆
風在吼　海在嘯　中國神聖的領土
釣魚寶島象徵著我們英勇不怕強暴
滾滾狂濤　東海之遙　屹立著一群美麗的小島
釣魚台　你帶給漁民多少歡笑
釣魚台　蘊藏著我們無價的寶藏
怒吼吧　釣魚台　我們寸土必爭

25 林國炯等編，《春雷聲聲》，頁三五一—三六八；任孝琦，《有愛無悔》，頁八二。

誓死抵抗　我們要藐視那東洋強盜[26]

當日晚間八時，示威遊行學生三、四百人，在馬里蘭大學校園聚會，討論今後行動方向，發表八點意見，其中包括：

——我們向「台灣政府」寄的信和要求都沒下文，我們應該考慮向「另一個可以保護國土的政府」去遞送我們的請願書。

——「國民黨的政府」對保衛領土主權沒有興趣，我們應該請「中華人民共和國派軍艦去保護釣魚台」。

——如果九月以前「國民政府」還不能採取行動，我們就應該函各國的聯大代表，我們留美學生不能再支持一個不能保衛國土的政府，我們就應該支持「中華人民共和國進入聯合國」。

——保護釣魚台只是我們愛國行動之一部分，我們最後的目的是要有一個統一的中國，所以我們要求「台北的政府」和「北京的政府」，恢復一九四九前和談所未能完成的任務，

26 林國炯等編，《春雷聲聲》，頁二五二、二五八。

應該摒棄黨派的利益，為統一中國而努力。[27]

這些意見，已預告保釣運動即將走向左傾道路。

五月二十三日，有三千位華人學者、專業人士在《紐約時報》刊登全版廣告，聯名發表〈留美學界致尼克森總統暨國會議員公開信〉，要求美國政府：

一、否認美國將釣魚台列嶼視為美國託管下琉球南西群島的一部分或任何主張；
二、承認中國擁有釣魚台；
三、譴責日本與琉球侵犯中國領土。

這封信雖然並未引起美國政府任何回應。錢致榕教授指出，難能可貴的是，這份廣告花費九千九百六十美元，都是保釣運動師生一一捐出來，這個數目在當時是天文數字，恐是空前之舉。[28]六月十四日，美國五十二所大學研究中國問題學者一百一十人（幾乎所有重量級學者均在其內），在《紐約時報》發表聲明：

27《外交部》，〈釣魚台事件〉，中央研究院近代史研究所檔案館藏，713.1/0040，頁二四。
28 謝小芩等編，《啟蒙‧狂飆‧反思——保釣運動四十年》（新竹：清華大學，二〇一〇），頁一七、一八。

> 我們以研究中國問題學人的身分，認為必須視「中華人民共和國」為中國唯一政府，給予它在聯合國一切組織中的合法席位。我們反對由美國做任何努力，在事前未獲兩方請求者之協議，將雙重代表權的公式強加諸中國的席位。如無此種協議時，問題僅為何方代表中國。這個問題的答案顯然是北京政府。至於將來台灣與華府跟北京的關係，乃是複雜的爭執問題，需有時間從事協商與調解，唯此時應給予北京在聯合國的合法地位。[29]

這種聲明，已預告中華民國在聯合國之代表權將岌岌可危。

六月十七日，美日片面簽訂「沖繩移轉協定」，將於翌年五月將琉球交還日本，並將釣魚台「行政權」交還日本。對於此事，只有極少數學生（華府三十人，舊金山八十人）示威抗議，這時保釣運動可說已實質結束。[30]

自四月十日遊行後，由於保釣左派學人與學生立場日益左傾，走向擁護中共方向，所以大部分保釣學生逐漸離開此一運動。四月以後，只有一些較右派的學生，他們反共又支持台灣，還願意繼續和左派學生對抗。

---

29 *New York Times*, June 14, 1971, p.42.

30 任孝琦，《有愛無悔》，頁八八—八九。雖然其後有八月之美東布朗國是大會，九月之安娜堡國是大會，十二月之中國統一運動以及全美反共愛國會議，但在這些會議上已甚少討論保釣議題。

## 四・我國政府處理保釣運動之經過

事實上，在一月二十九、三十日保釣首次示威大遊行之前，我政府已經和日本及美國進行有關釣魚台之交涉。在前述一九七〇年九月二日《中國時報》記者登島後，九月八日，日本駐華大使館以「照會」(Note Verbale)向我外交部表示，認為《中國時報》記者此一行為有傷中日兩國關係，希望我外交部採取適當改正措施[31]。我外交部於十月十五日回覆說，釣魚台列嶼乃中華民國之領土，所以在釣魚台列嶼插旗或其他類似行為，日本政府無權過問[32]。

鑒於中日兩國對釣魚台之主權採取完全相反之立場，我外交部決定向當時管轄該島之美國政府表明立場，所以在同年九月十六日，由外交部次長沈劍虹召見美國大使館代辦安士德(Oscar Armstrong)，遞交「口頭聲明」：

> 一九六九年十一月二十一日尼克森總統與佐藤榮作首相所發表之聯合公報指出：美日兩國將就如何於一九七二年實現琉球「復歸」日本之特殊安排立即進行商討。此項對於琉球群島處置之擬議為中國政府所不能接受……

---

31 《外交部》，〈釣魚台列嶼問題座談會〉，602/0022，頁一〇五。

32 同上，頁一〇六。

最近日本政府提出釣魚台列嶼問題。此係一群無人居住之小島嶼，位於台灣北方僅一百哩左右。台灣漁民每年赴該等小島者為數頗多，釣魚台列嶼在歷史上及地理上均與中國，尤以台灣省具有極密切之關係……

中國政府……必須指出，日本於一八七九年吞併琉球時，釣魚台列嶼並不包括在內。日本天皇敕令及釣魚台列嶼出租，均係於一八九六年所為，亦即日本根據馬關條約取得台灣及其「所有附屬各島嶼」之次年，具見釣魚台列嶼於一八九六年前並非琉球群島之一部分……中日兩國於一九五二年四月二十八日簽訂和平條約，當時日本放棄對於台灣、澎湖及其他於一八九五年前係附屬於台灣各島嶼之一切權利、名義與要求。中華民國政府認為釣魚台列嶼為此等附屬島嶼之一……

基於以上原因，中國政府無法接受日本對釣魚台列嶼之主權主張。甚盼美國政府對中華民國政府有關此項問題之立場能有充分注意……[33]

十六日（美國時間），我國駐美大使周書楷也向美國國務院東亞暨太平洋事務助理國務卿葛林（Marshall Green）提出同樣的聲明[34]。

33 《外交部》，〈釣魚台〉，412.7/0013，頁二九—三四。
34 《外交部》，〈釣魚台〉，412.7/0012，頁一六九。

十月二十四日，日本駐華大使館以「節略」陳述，尖閣諸島係所謂南西諸島之一部，為日本國之領土，乃毫無議論餘地之事實，因此，中華民國政府所舉之主張全無根據[35]。

十月二十八日，外交部北美司司長錢復接見美國國務院亞太司中國科科長修司密，告以我國因為基於區域安全及中美邦交之考慮，過去對美軍管理該列嶼未表示異議，但絕非默認，他日美國在結束管理時，應將該島嶼歸還我國，但修氏表示：「此事絕無可能，倘美方將如此告知日方，誠恐即於在日本外務省爆破一顆重炸彈。」[36]外交部條約司在十二月一日提出建議：「應向美國提出正式交涉，把握目前時機積極洽商，務使美國政府能於一九七二年將該列嶼交予我國，而不交予日本。」[37]

翌年（一九七一年）一月二十九日及三十日，美國各地舉行保衛釣魚台示威之後，海外示威學生情緒高昂，對政府處理釣魚台軟弱大肆批評，並且預定在四月十日舉行第二次示威活動。

我政府決定，由外交部、教育部、國家安全局、僑務委員會、行政院新聞局、救國團及中央黨部共同組成「海安小組」，處理保釣事宜。第一次會議，於一九七一年三月九日舉行，由中國國民黨祕書長張寶樹擔任主席。會議前之二月二十二日、三月三日及三月四日，周書楷大使、姚舜處長及曾廣順副主任三度致電黨中央，提出三項建議：一、對傳聞日本擬在釣魚台設

35 《外交部》，〈釣魚台列嶼問題座談會〉，602/0022，頁一〇七。
36 《外交部》，〈釣魚台〉，412.7/0012，頁三九。
37 《外交部》，〈釣魚台列嶼問題之專案報告及研究〉，602/0020，頁九三。

置氣象台一事，政府應採取具體措施予以阻止；二、中日韓聯合開發海底資源之商談，雖屬民間性質，政府目前宜宣布中止；三、我政府對保釣運動所發表之言論及文字，請避免使用「為匪利用」等刺激詞句[38]。

三月十五日，周書楷大使向美國國務卿以「節略」，說明釣魚台列嶼與中華民國台灣省之關係：

「根據歷史、地理、使用及法律，中華民國政府認為釣魚台列嶼與台灣有極端密切之關係，應被視為台灣之附屬島嶼。台灣全島、澎湖群島以及所有附屬各島嶼已於第二次大戰後交還中國，但釣魚台列嶼則未在其內。鑒於美國政府將於一九七二年終止對琉球群島行使占領之事實，茲要求美利堅合眾國政府尊重中華民國對於釣魚台列嶼之主權，並於此項占領終止時，將該列嶼交還中華民國政府。」[39]

三月三十日，「海安小組」第四次會議。姚舜處長及曾廣順副主任在會中建議，在四月九日、十日兩日旅美學生再度遊行之前，政府應採之措施：一、日方籌建氣象台案，我應有更強

38 《外交部》，〈釣魚台事件〉，713.1/0038，頁五、九、一〇。
39 《外交部》，〈釣魚台列嶼問題座談會〉，602/0022，頁一〇九—一一一。

硬之聲明；二、中日韓三國談判開發資源案，我應聲明停止；三、派艦巡邏釣魚台海域並發布新聞[40]。

事實上，旅美學人與學生亦曾提出類似主張，例如三月十二日，旅美學人六十四人，致書總統府祕書長張群，對政府處理釣魚台問題提出許多建議，其一即主張政府應該拒絕參加此種開採海底資源會議，因為日本與琉球皆不在中國大陸棚之上，對該地區礁層內的自然資源無開採權，如果我政府與日本會商共同開發資源，無異於默認日本對釣魚台列島的主權。此批學人中，包括陳省身、何炳棣、田長霖、李遠哲等著名人士[41]。

針對以上各項建議，我外交部首先就日方建氣象站一事，向日本交涉。我國駐日大使彭孟緝洽請元老政治家、眾議員賀屋興宣相助。三月十二日，賀屋告知：「已將我方意見轉告外務省，日本現在可能不致進行。」惟顧及此事如公開宣布，恐激使日方發表相反之聲明，我政府決定等四月十日周書楷大使接見遊行代表時，以口頭表示我已與有關方面嚴正交涉，並採取必要措施[42]。

三月二十日及四月二日，外交部次長沈劍虹兩度約見美國駐華大使馬康衛（Walter P. McConaughy），希望美國能夠阻止日本政府在釣魚台列嶼興建氣象站。馬康衛於四月二日面談

40《外交部》，〈釣魚台事件〉，713.1/0041，頁六、七。

41《外交部》，〈釣魚台事件〉，713.1/0038，頁五六—五九。

42 同上，頁二八、二九；《外交部》，〈釣魚台事件〉，713.1/0040，頁八、四二。

時表示，美國政府已向日本政府表達反對之意，並表示：「只要美國繼續其對該列嶼之軍事占領，上述日本在該列嶼興建氣象站之事將不致發生。」[43]

對於我國應中止參加中日韓開發海底資源會議之建議，國民黨在四月五日召開之中央常務委員會會議決定，該一會議純屬民間行為，更未牽涉釣魚台主權問題，可加強三國在東北亞之合作，確有必要，此事應繼續進行[44]。

對於派艦巡邏釣魚台海域問題之建議，在台北政治圈內，有兩派不同看法。第一派為強硬派。姚舜、曾廣順因為在美國親身目睹美國保釣學生之激烈言行，知道政府必須採取斷然有力措施，否則無法平息學生之怒氣。我駐美各單位報回部裡之電文，亦反應類似意見。另外交部內部一些青壯官員，也建議政府採取強烈的保釣措施，這其中以外交部北美司（科長劉伯倫）、亞太司（專門委員林金莖）、情報司（科長程建人）等主辦釣魚台業務之官員主張最力。例如三月十六日，北美司在呈報部次長之簽呈中，提出許多建議，可歸納為兩案：

第一、採取強烈措施，包括：

1. 派兵進駐釣魚台列嶼，並派機艦巡邏。

---

43 《外交部》，〈釣魚台列嶼國內外各界反應〉，019.12/0007，頁一三四。

44 《外交部》，〈釣魚台事件〉，713.1/0041，頁二一九。

2. 將該列嶼納入我行政區（如劃入宜蘭縣或台北縣某鄉）。
3. 摧毀琉人所立石碑，另立我界碑數處，並發布新聞，同時籌建燈塔等永久性建築物。
4. 在採取上述措施後，立即通知美國政府，我已恢復對該列嶼行使充分主權。
5. 鼓勵漁民前往漁捕作息並考慮協助國人前往定居。
6. 立即著手開發該列嶼之鳥糞層等資源。

第二、或採取較為溫和措施，包括鼓勵漁民前往居息、捕魚、增建寮舍、撿拾鳥卵鳥糞，及摧毀琉人所立石碑等具體行動，並通知美國政府，我政府將自本年七月一日或明年元旦起對該列嶼恢復行使充分主權。

簽呈之結論是：

如不採取以上措施，至一九七二年該列嶼必隨琉球交予日本，屆時領土既失，資源亦不保，本部及政府因未就維護領土完整事採具體措施，似將甚難向國人及歷史交代。屆時旅美國人是否將再為匪利用，殊難逆料。

本簽呈有司長錢復、常務次長蔡維屏、沈劍虹簽名其上[45]。

第二派為溫和派，代表性人物以國民黨中央常務委員會委員為主。四月四日，總統府祕書長張群在上總統蔣中正之簽呈中，說明這些溫和派如何看待在美示威學生運動：

> （學生）大部係出自愛國憂時的純正動機，惟有若干地區之留學生運動，已為共匪所滲透利用，甚至為其所控制（尤以加州大學為甚），以遂行其一石擊三鳥（反政府、反美及反日）的策略。

對於這些學生所提出之要求，他們認為：

> 本黨中央及政府處理外交事務……政府有賴於人民的支持，特別是知識分子的支持，我們當然不能固執，然亦不能處處迎合對於留美學人學生向政府提出的要求，我們只能審度情勢，做我們所能做的事及應做的事。[46]

45 《外交部》，〈釣魚台〉，412.7/0012，頁一〇九—一一〇七。

46 《外交部》，〈釣魚台事件〉，713.1/0040，頁四〇、四一。

在這些心態下，四月五日之中常會對派艦巡邏做出如下決議：

查中美海軍在台灣海峽之巡邏，曾經劃有界限，我們海軍不赴二十六度以北海域巡邏，現若超越此範圍，勢將引起美國之強烈反應，故須慎重處理。[47]

四月七日，蔣中正總統在其日記中，對釣魚台列島問題之政策與處理方針，有如下之分析：

甲、該列島之主權在歷史與地理上而言，其屬於台灣省的乃無問題，亦無可爭辯。

乙、事實上，現為美軍所占領，其歸屬何國當有(由?)美國定之。

丙、如其臨時交歸日本，則我應提交國際法庭，以法律解決之。

丁、此事不可能以軍事解決，以我此時無此能力駐防該列島，如我兵力分散，則徒為共匪所乘，則我現有基地且將不保矣！

戊、我之國策應以光復大陸，拯救同胞為第一。[48]

47 《外交部》，〈釣魚台事件〉，713.1/0041，頁二九。

48 蔣中正總統日記，一九七一年四月七日，美國史丹佛大學胡佛研究所藏。

其中丁項，在所見黨政檔案中，首見政府說明對防衛釣魚台力有未逮之處。

綜上觀之，對於美國保釣學生阻止日本建立氣象站之第一項要求，雖然在實質上達成，但又不便明白宣布；對於學生中止中日韓資源會議及派艦巡邏釣魚台海域另兩項要求，政府完全拒絕辦理，內中反對最力者，為中日合作策進會會長，也是國民黨之大老，谷正綱先生[49]。在此一氛圍下，上述外交部官員主張之強硬對策，當然亦無疾而終。

由於台北對學生保衛釣魚台之建議，多未加採納，這說明為何如上節所述，當四月十日遊行代表前往拜會周書楷大使、周說明政府決定後，代表甚為不滿，雙方不歡而散，而未參加拜會之學生，更是義憤填膺，這也說明為何在四月十日以後，保釣運動急速轉向左傾。

49 任孝琦，《有愛無悔》，頁七二。

## 五・我國政府與美國繼續交涉釣魚台問題

四月十二日上午十一時半，周書楷大使與美國總統尼克森、美國國家安全助理(Assistant)季辛吉(H. Kissinger)會晤，此是周大使即將回台出任外交部長之辭行拜會。但三人見面後，周大使提出釣魚台歸屬問題。周指出，美國國務院把釣魚台歸附於沖繩群島，已經引起海內外華人強烈的反應，假如中華民國政府不能夠維護釣魚台主權，中國知識分子及海外華人可能會轉而支持大陸另一方。在周大使離席後，尼克森告訴季辛吉，他認為周所稱台灣必須考慮海外華人政治意見的觀點是正確的。

值得注意的是，在此一辭行會晤中，三人又談到另外兩個重要問題，一個是當天《紐約時報》已將美國乒乓球隊訪問大陸列為頭版消息。鑒於美國即將宣布許多有關對中共貿易及旅行等開放措施，尼克森向周大使保證，此些措施絕不以傷害他和蔣中正夫婦之友誼為代價，並且指出美國此些措施具有全球性眼界(perspective)，特別是針對蘇聯等語。另一重要問題是中華民國在聯合國之席次。尼克森指出，美國絕不會放棄維護該席次，但恐須改變作法，例如台灣與大陸共享「雙重代表權」(dual representation)等[50]。

該日下午三點半，周大使與季辛吉、美國國家安全會議亞洲地區主任何志立(John H.

[50] *Foreign Relations of the United States (FRUS)*, 1969-1976, Vol XVII, China, 1969-1972, Document 113.

Holdridge）會晤。在此會晤中，周大使又提起四月十日留美學生與華人之示威事件，他指出參加這次示威人員中，除學生外，也包括科學家、工程師及專業人士。周大使表示，他奉蔣中正總統之命，要向尼克森總統以及季辛吉討論有關釣魚台一事。周指出：在日本占領台灣與琉球期間，凡是有關尖閣群島（作者註：美方記錄用語）之法律事務，都是由在台灣的法庭加以處理；前往尖閣群島捕魚之漁船亦都來自於台灣；對於中國人而言，釣魚台牽涉到中國民族主義。

但在這次會晤中，雙方又談到美國和大陸關係正常化的問題。季辛吉表示此一正常化的行動，一方面是針對蘇聯而來，使其不要成為和中共有來往的最重要國家，另一方面是因應美國國內情勢之需要。在此會晤記錄中，另外透露一項重要消息，即行政院副院長蔣經國對美國此舉表示理解。四月，美國輸出入銀行主席柯恩（Henry Kearns）訪華，柯恩曾和蔣經國副院長談及此事，蔣氏表示：「對於美國政府採取任何有利中共之行動，我們必須公開加以反對，但你可轉告美國總統，我們理解（understand）美國此時採取此種行動的必要（necessity）。」[51]

從以上兩次會晤之談話，我們可以清楚看出，當時台灣在其對美關係面臨三大挑戰。除釣魚台外，還有美國和中共關係正常化及維護聯合國席次兩大挑戰：在美中關係正常化下，我方力求不致遭受太大犧牲；在聯合國席次上，我方必須爭取美方之支持，而其支持是不可或缺之力量。

51 Ibid., Document 114.

四月十三日，何志立向季辛吉提出備忘錄，內中敘述前述周大使三月十五日給美國國務卿節略之重點，包括中華民國希望美國將在終止占領尖閣列島(作者註：備忘錄用語)後予以歸還。何志立並在備忘錄指出，美國將在一九七二年把琉球與尖閣群島歸還日本，但美國對內中任何島嶼主權爭議不持立場，認為應由爭議國家直接解決。

季辛吉對國務院此一立場，在備忘錄之空白處加了手寫評語：

> 這是胡說，因為我們把這些島嶼交給日本。我們怎能維持更中立的立場？(But that is nonsense since it gives islands to Japan. How can we get a more neutral position?)[52]

一九七一年六月，美國主管海外經濟發展之巡迴大使甘迺迪(David M. Kennedy)，正在台北參加中美紡織貿易談判，雙方陷入僵局。甘迺迪大使認為美國如能在此一談判有所斬獲，美國在未來和香港、韓國及日本之貿易談判，將會使這些國家對美讓步。於是，甘迺迪致電給美國總統的國際經濟事務助理彼得森(Peter G. Peterson)。

在電文中，甘迺迪指出，假如美國在尖閣群島爭議對台灣有所讓步，而不將其歸還日本，這是解決目前僵局「唯一」之道，理由如下：一、尖閣群島在台灣是一件重大事務，有其國內

[52] Ibid., Document 115.

及國際的影響，假如美國能夠做此讓步，中華民國政府在國內外顏面都能維持，並且可使行政院副院長蔣經國獲得解脫。二、假如美國做此一讓步，這對日本將是一大震撼，因為美國在許多事務上，都接受日本的要求，此一讓步將使日本今後不能視美國之協助為理所當然。三、無論從歷史上或者地理上，尖閣群島都不是琉球群島之一部分。台灣認為，一旦日本取得該群島之控制，日本絕無可能在將來放棄其控制。因此，甘迺迪強烈建議，美國應該維持尖閣群島之現狀，一直到未來主權爭議解決後，再加以處理。甘迺迪認為，沒有其他任何更重要、或者更強烈的行動可以解決目前與台灣之貿易談判。他最後要求彼得森用最強烈的語句，請總統考慮其建議[53]。

六月七日下午，尼克森、季辛吉和彼得森三人討論甘迺迪之建議。在檢視此一會談之前，我們應先了解美國和日本對琉球群島(包括釣魚台)歸還日本一事之背景。

一九五一年，美國根據「舊金山和約」，取得琉球群島之管轄權，但同時承認日本對該群島有「剩餘主權」(residual sovereignty)，即美國將來在結束管轄之後，將該群島之主權歸還給日本。一九五三年，美國管轄該群島之當局，在裁定該群島之領土範圍時，即將尖閣群島列入其中。後由於美國海軍借用尖閣群島部分島嶼作為靶場，每年付一萬一千美金給該部分島嶼所有家族作為租金。

53 Ibid., Document 133.

一九五七年，美國艾森豪總統和日本首相吉田茂舉行美日高層會議，艾森豪即明告吉田，美國承認日本對琉球群島擁有「剩餘主權」。一九六二年，甘迺迪總統在其一份「琉球行政命令」（Executive Order for the Ryukyus），再度重申此一立場。一九六九年十一月，美國尼克森總統和日本首相佐藤榮作簽署聯合公報，宣布美國與日本將從速進行商討琉球群島於一九七二年歸還日本事宜。此後，美日即進行談判，為時一年有餘，季辛吉曾親身參與，雙方決定在一九七一年六月十七日，簽署「沖繩回歸協定」（Okinawa Reversion Agreement）[54]。

在此一背景下，六月七日會談中，季辛吉幾乎主導會談內容，季氏之立場如下：

一、假設在「沖繩回歸協定」談判最後階段，驟然改變多年立場而將尖閣群島交給台灣，將會導致談判破裂，嚴重破壞美日關係。

二、季氏坦言其對（尖閣群島）從未與聞（I, frankly, had never heard of these islands）；尼克森隨即附和說，他也從未與聞），直到今年四月周書楷大使始當面告知，但為時已晚。

三、設若台灣在六個月前，或今年二、三月，我們在台參加貿易談判的美商代表向我們要求將此島嶼交給台灣，也許我們或可打此一張牌，但在即將簽署此一協定之時，實無

54 "Senkaku Islands dispute," Wikipedia, http://en.wikipedia.org/wiki/Senkaku_Islands_dispute; Wakaizumi Kei, *The Best Course Available: A Personal Account of the Secret US-Japan Okinawa Reversion Negotiations* (Honolulu: University of Hawaii Press, 2002), Chapters 6-11.

法挽回。

四、設若我們為求與台灣貿易談判達成目標，將該群島交給台灣，使台灣做出讓步，然後再將這些讓步加諸在日本頭上，這將導致和日本關係之破裂。

在季氏如此強烈主張下，尼克森同意說：鑒於美國和日本之長期(long-range)關係以及具有象徵性利益(symbolic interests)，美國在此時不能改變對於尖閣群島之立場[55]。

六月十七日，美日終於簽署「沖繩回歸協定」，尖閣群島隨同琉球群島一併交還日本。美國國務院正式發表聲明：「琉球的歸還日本，不致影響到中華民國對釣魚台列嶼的合法權利。」[56]

為何季辛吉與尼克森對美日關係如此重視？吾人均知，美國在二次大戰後，日本是美國抵制蘇聯與中國大陸之最佳伙伴，所以雙方維持極為密切之軍事、政治與經濟關係，並自一九六〇年起，簽有美日合作與安全條約。在美日一九六九年談判琉球歸還問題時，由於日本政府及民眾不願美國在琉球設置核子武器，日本要求琉球歸還後，美國撤走此些武器，美國雖然同意，但要求未來在重大緊急狀態時，美國在和日本事先洽商下，可以重新引入核子武器，日本

55 Richard Nixon Presidential Library and Museum, CA., USA, http://nixontapeaudio.org/chron1/rmn_e513a.mp3

56 洪三雄，《烽火杜鵑城——七〇年代台大學生運動》（台北：自立晚報，一九九三），頁三八。

接受美國要求，但雙方為恐引起日本民眾反彈，雙方此一諒解僅放入祕密紀錄（secret minute）之中，而不在公報本文。[57] 再者，琉球歸還後，美軍尚有數萬人駐在琉球，必須得到日本政府與人民提供各種協助。另外，一九七一年，美國仍深陷越戰泥淖之中，琉球又扮演支援美軍越戰之重要角色。在以上這些原因下，美國有求於日本之處甚多，所以美國在處理尖閣群島問題上，當然以尊重日本政府意願為優先。

但為何中華民國政府在和美國交涉釣魚台問題上一直未採取強硬立場？如前所述，周書楷大使雖曾在一九七〇年九月向國務院亞太助卿葛林提交「口頭聲明」，另於一九七一年三月，以「節略」向美國務卿表達我國擁有釣魚台列嶼主權，並要求美國於終止管轄時將該列嶼交還我國，但這些都是一般性外交文件。如前所述，季辛吉在四月十三日始見到該「節略」之重點，但為時已晚，亦未加重視。

為何政府未及早命令周大使或派遣特使前往華府與美國政府正式交涉此事？個人認為這有三種可能。其一是，政府對於一九七一年一月旅美學生與學人之示威遊行，最初未加重視，或未預期其後來有更激烈之發展；其二是政府認為維護聯合國席次至為重要，且係當務之急，一旦失去，再不可得；另外，政府對自一九七一年四月起美國和大陸關係正常化一事，頗懷戒心，深恐我將成此一正常化之犧牲品，在此雙重壓力下，政府不願為釣魚台之事和美國發生摩

57 Wakaizumi Kei, *The Best Lourse Available*, Chapters 7-11.

擦或衝突。第三種可能是，政府認為釣魚台主權之爭係一長期抗戰，非一時可以解決，日後仍可徐圖謀之。

假如以上分析尚稱正確，這也說明為何蔣中正在該年六月十日日記中，對於釣魚台歸還日本一事，只有如下簡略評語：「美國歸還日本(琉球)，釣魚台亦在其內，甚為不平」[58]，而無其他反應。另外，美國國務卿羅吉斯(William P. Rogers)，六月九日在巴黎會晤日本外相愛知揆一時，羅吉斯曾經強烈要求在六月十七日「沖繩回歸協定」簽署之前，日本政府應該與中華民國政府懇談釣魚台一事。七月十二日，行政院副院長蔣經國向美國駐華大使馬康衛抱怨說，日本迄今，一直拒絕針對此一問題和我方進行任何有意義的談話[59]，但蔣氏亦未採取任何反制行動。

二〇〇五年，我前外交部長錢復出版其回憶錄，內中詳細敘述我政府當年為維護聯合國席次所做的各種努力，以及向美、日兩國多方求助的情形。

錢氏首先說明，我國為求維持在聯合國席次，在一九六一年提案，將有關代表權爭執的議案視為「重要問題案」(Important Question Resolution)：此案要以到會投票的會員國三分之二的多數決定之；不過「重要問題案」本身是一程序問題，只以簡單多數決定；因此只要我們掌握簡單多數即可通過為「重要問題案」，如此，任何排我納中共之表決則須有三分之二多數票，

58 蔣中正日記，民國六十年六月十日。
59 *Foreign Relations of the United States*（FRUS）, 1969-1976, Vol XVII, China, 1969-1972, Document 134.

否則無法通過。

但此一策略到了一九七〇年出現危機。錢氏指出：

一、一九七〇年十一月二十日，聯合國大會處理重要問題案時，是以六十六票對五十二票優勢通過，但在阿爾及利亞所提「排我納中共」案時，贊成的五十一票，反對的四十九票，倘若事先沒有重要問題案的保障，當年我們的代表權就要發生問題……正如前所提，重要問題案本身是以簡單多數決定，支持我國的票數不到半數，第二年的重要問題案能否通過，將是嚴重考驗。[60]

一九七一年二月，外交部國際組織司整理成數個維護代表權之可行方案，其中有兩案：

一、「兩個中國」案，認定中國有兩個政治實體，各有主權及領土，聯合國視為兩個國家，而使其均為會員（美、日兩國均有此擬議）。

二、分裂國家整批入會案，在提案中聲明聯合國依照會籍普遍化原則，廣納所有國家，一個國家即使分裂為兩個或數個，只要具有國家形式，就應獲准加入聯合國，這是日本

60. 錢復，《錢復回憶錄》（卷一）（台北：天下文化，二〇〇五），頁一四二—一四三。

外務省思考的案子。[61]

為爭取日本之支持，一九七一年二月，外交部派最嫻熟聯合國事務之薛毓麒大使，前往東京與日本外務省仔細討論如何處理代表權問題[62]。同年七月，總統府祕書長訪問日本，他四度拜會日本首相佐藤榮作求助[63]。

八月，美國國務卿羅吉斯正式宣布美方對我代表權的立場：

一、將提「變化的重要問題案」（Important Question Variation），即排除我國仍為重要問題，關於中共入會，則不在案中；

二、另提雙重代表案，使中共得以入會；

三、至於安理會席位將由何方擔任，由大會多數意見決定。[64]

---

61 同上，頁一四五—一四六。

62 同上。

63 王俊彥，〈警惕日本——昨日的侵略與今日的擴張〉，龍騰世紀，http://www.millionbook.net/jun/xs/jingtrb/045.htm。

64 錢復，《錢復回憶錄》（卷一），頁一五一。

十月，羅吉斯在聯合國發言，決定支持中共進入聯合國，並取得安理會常任理事國的席位。白宮同時宣布季辛吉將於十月中旬訪問中共。值我聯合國代表權最後關頭之際，季辛吉卻訪問大陸，我向美方表示不滿。羅吉斯辯護說，季氏此行對代表權案不會有任何影響。十月二十五日，表決「變化的重要問題案」，結果五十五票對五十九票，我方失敗，未能過關。我們知道大勢已去，宣布退會後，大會表決「排我納中共案」，結果是七十六票對三十五票通過。事後，季辛吉為他大陸之行對聯大投票有不利影響，向我方道歉[65]。

以上，是錢復對一九七一年我國為聯合國席次所做努力及失敗的最清楚說明。為什麼政府對聯合國席次這麼看重？因為一旦失去，對我國整個外交關係會有很大衝擊。錢復指出，我國退出聯合國的一年內，就有十五國與我國斷交並與中共建交[66]。

綜觀以上所述，事隔四十二年之後，我們可以平心靜氣來討論，當年政府對釣魚台、聯合國代表權和美中關係正常化三件大事之處理是否允當。在當年，示威學生與學人將釣魚台主權之爭議列為第一優先，但國內政府則將維護聯合國代表權列為當務之急。至於這一決策是否明智，則可訴諸公論。

至於政府對於釣魚台未採取較激烈的作法，是否會影響我國對釣魚台主權之主張？這倒

---

65 同上，頁一五五—一六四。

66 同上，頁一六七。

未必。釣魚台爭議是國家間領土之爭議，可用武力解決，也可透過交涉，只要我政府不放棄對釣魚台擁有主權之立場，則此一爭議就一直存在。事實上，四十二年來，台灣、大陸與日本對釣魚台主權之爭議一直存在，迄未解決。此一問題，就像許多國家間領土之爭議，除非武力解決，否則只能拖延到能解決之一日，或成一懸案。馬英九先生在一九九六年撰文〈釣魚台列嶼主權爭議〉，指出台灣在割讓五十年後，終又回到祖國懷抱，所以國人對釣魚台亦應有此認知，而應繼續奮鬥到底[67]。

[67] 任孝琦，《有愛無悔》，頁二八二—三〇二。

## 六・保釣運動開始向左轉

四月十日保釣大遊行結束之後，發生了一股美國和中共改善關係的浪潮：四月十日，中共邀請美國球隊參加在日本舉行的世界乒乓球賽後，訪問中國，隨行有《紐約時報》五位著名記者；十四日，尼克森總統宣布改善與中共關係之五項新步驟（包括取消美國公民赴大陸的禁令）；七月十五日尼克森宣布，國家安全顧問季辛吉已抵北京訪問，而他本人將於翌年訪問北京；二十一日美國參議院外交委員會通過廢止一九五五年所通過之「台灣決議案」，該案授權美國總統使用武力保衛金馬外島，這個決議之取消，等於外島將不包括在「中美共同防禦條約」之保衛範圍。

在以上這些發展下，使那些左派之保釣學生極感興奮，他們決定要搭上這股中美「政治列車」，向中共靠攏。於是，密西根大學於五月一日，召開五四運動大會，開始討論「中國的聯合國席次問題」；五月至九月間，許多學校的保釣委員會改組為「國是研究社」，學生刊物亦紛紛改為《國是研究》或《國是論壇》。《有愛無悔——保釣風雲與愛盟故事》的作者任孝琦指出，此時保釣運動已迅速式微，所以連四月二十三日日本宣布終止在釣魚台興建無人氣象台計畫時，都未引起留學生之喜悅。她復引述匹茲堡大學念歷史的左派大將花俊雄，對左派學生從五月至九月之作為相當自豪地表示說，從威斯康辛、路易斯安那、加州、堪薩斯、耶魯大學到布朗大學的美東國是會議，「由小而大，一步一步，都是我們有計畫的在推，一直推到安娜堡全美大會通過正式決議（作者註：該大會於九月舉行，通過中華人民共和國政府為中國唯一合法政府之決議）。」這批左派分子此時已決心要倒向中共[68]。

在這個運動左轉中，發出重砲的又是郭松棻。六月一日出版的《戰報》第二期，他以「羅龍邁」為筆名，寫了很長的文章〈打倒博士買辦集團〉。這篇文章整個否定了台灣生存的意義，而且要求大家走向反資本主義的道路。他說中國近代史的發展是被一些買辦集團所控制，這些集團有兩股力量：一個是以美國為代表的資本主義的誘陷，另一種力量是中國國內自甘步入誘陷的接納，而買辦集團的巔峰狀態，便是一九四九年後的台灣。他的總結是：

> 目前的台灣便像是可憐的養女，全身攤開，被美日不休地相繼輪姦，而全然失去了抗拒的能力。在這姦污的罪行下，最耐人尋味的是，充作這養女家長的台北政府卻因美日嫖客的小惠而雀躍起來，對外以「經濟繁榮」來掩飾這一齣醜劇。而留學海外的中國學人，不但對自己的

68 同上，頁八七—九一。另據當年在哥倫比亞大學物理系攻讀的劉源俊看法，這批左傾學生是從中共駐加拿大大使館處得到消息，一九七一年九（口誤，應是十）月聯合國大會可能會發生中國入會之情事，所以這批學生決定要倒向中共，見〈劉源俊教授訪談〉（二〇〇八年十月二十四日），清華大學（新竹）保釣文獻館，頁八。

家鄉之一再被姦污，無所動於衷，反而時常還帶美國大兵回家，再去姦污自己的家鄉。

郭又繼續說：「這個買辦集團在大陸就是蔣（蔣介石）、宋（宋子文）、孔（孔祥熙）、陳（陳立夫），在台灣就是蔣氏財團。」郭松棻認為西方文化已經衰落，目前西方思潮的個人主義、自由主義、人道主義，由於對外走向侵略戰爭（註：此應指越戰）而整體潰敗。在台灣的中國人，大量吸收西方的現代主義、存在主義、自由主義，結果助長成亞洲被文化殖民的永久命運。他說：

就這樣，兩萬多留美學生，以及數千的留日、留歐學生無形中拱起了一圻夜的國度，一群碩士行屍、博士行屍、教授行屍在黑暗中流竄，在闇冥中聳動，變態的鬼笑、縱樂。

他的結論很簡單：一條路，是資本主義侵略永遠得逞，而自己的國土永遠的潰敗滅絕；另外一條路，是走向反侵略、反殖民的道路。答案是：「資本軍國主義走向毀滅，正義、獨立走向勝利」[69]。

在這個學生思想左轉的時刻，另有一些耐人尋味而向大陸輸誠的談話。來自一位立場比較

69 林國炯等編，《春雷聲聲》，頁二六九—二八九。

中立的某張姓教授說：

現在的客觀事實是，台灣的外交已被中共逐漸孤立。外交的孤立必導致經濟的孤立，台灣現在的經濟繁榮會被中共在短期打垮。既然經濟不能獨立，除非做日本殖民地，只有歸向「中國」一途。客觀不能因主觀的意識而推移。我們留學生在這一階段所能做的事，就是促使和平解放台灣，不使大流血。

另一位孫先生說得更妙：

我們在這兒學理工的，將來大陸需要，總會對我們採懷柔政策。在釣魚台運動之後，我們已經 denounce（譴責）台灣政府是賣國的了，所以今天我們在這裡要把我們的聲音說出來，好讓中共聽到，以便將來對我們採懷柔政策。[70]

---

70 劉源俊，〈我所知道的留美學生保釣運動〉，《人與社會》（台北：人與社會雙月刊社），第六卷第三期（一九七八年八月），頁四九、五〇。他這篇文章，有許多親身經歷，立論持平，頗值一讀。

## 七・從布朗到安娜堡國是大會

代表學生大規模左轉的第一個指標，是八月二十到二十二日在美東布朗大學舉行的「美東國是會議」，有美國東北地區中國同學四百人左右參加，然而，支持台灣政府而發言的只有三、五人，包括田納西州曼菲斯大學政治系教授魏鏞。大會期間有項意見調查。接受調查的一百三十二人中，有一百一十七人認為「大陸政府是一個為人民謀福利的政府」，而有高達一百一十四人否定「台灣政府是一個為人民謀福利的政府」。該會議最重要的決議案是：「中華人民共和國政府為代表中國之唯一合法政府」，以一百一十八票通過，反對票只有一票，為魏鏞所投[71]。但當表決未來到聯合國前遊行要將此一決議寫成標語時，許多同學覺得這對台灣政府過於難堪，而有六十二票反對。

這個會議對於大陸「文化大革命」做了一個總結：

> 到目前，文革可說相當成功，如已鬥垮走資路線的當權派，改革了教育與文藝，更希望改

---

71 當魏鏞指出，此次會議非自由討論之場所，而係一操縱之會議時，四周喊聲大起。魏鏞被五、六人包圍，稱其為「保皇黨」，為恐受暴力攻擊之危險，最後只得離場。《外交部》，〈釣魚台列嶼國內外各界反應〉，0.1912/0013，頁一一。

> 革一切不適應社會主義經濟基礎的上層建築，以利於鞏固與發展社會主義制度。總之，文革是一場觸及人們靈魂的大革命，是社會主義發展到一個更深入、更廣闊的新階段。[72]

學生大規模左轉的第二個指標是九月三日至五日，在密西根大學附近舉行的「安娜堡全美國是會議」。我當時以為這是一個對國是集思廣益的場合，所以前往參加。

該國是大會籌備會，曾邀請北美兩百多個大學保釣單位參加，並邀台灣駐美大使沈劍虹、中共駐加拿大大使黃華和台獨聯盟代表參加大會。前兩位沒來，台獨聯盟派其宣傳部長羅福全參加。這次會議到會前後有四百三十七人，半數來自台灣。主要的演講人都是左派，例如哈佛大學的龔忠武、奧克拉荷馬大學的林國炯、伊利諾大學的陳恆次、威斯康辛大學的王春生、賓州大學的王正方、匹茲堡大學的花俊雄等人，沒有一位支持台灣政府的同學被邀為演講人。開場白由密西根大學水秉和致詞，閉幕詞則由紐約市立大學教授袁旂致詞，此兩人當時也是左派。

這個會議最重要的決定，是大會在第三天通過五項決議。最重要的是第三項：「台灣是中國的一部分，台灣問題由中國人民(包括台灣人民)自行解決」(支持票三百一十九人，反對票零人)，以及第五項：「承認中華人民共和國的政府是唯一合法代表中國人民的政府」。關於第五

72 林國炯等編，《春雷聲聲》，頁四二一—四二八。

項決議，主席宣布該條要分兩階段表決。第一階段僅表決是否在原則上同意本條，第二階段才就實質表決，如果通過，則在聯合國遊行時，作為擬定標語和口號之依據。在第一階段表決，支持票高達二百三十六人，反對票只有五人：趙林（芝加哥大學研究生，現任中國文化大學中文系教授）、劉志同（紐約聖約翰大學碩士，現在台灣擔任「世界自由民主聯盟」祕書長）、陳長文（哈佛大學法學院研究生，現任台灣理律法律事務所負責人）、童兆陽（密蘇里大學研究生，後任中華民國陸軍副總司令，已逝）、陳鵬仁（哥倫比亞大學研究生，後任中國文化大學日文系教授）。第二階段投票贊成與反對各為一百一十七和一百一十二人，贊成者僅以五票險勝，可見有半數人不願公開拋棄中華民國政府，或覺得在當時還不適宜公開支持中共。這也說明安娜堡會議，左派並未全勝。不過，在布朗和安娜堡這兩個會議上，從議程到會場發言，右派學生幾乎完全被封殺[73]。

一九七一年九月下旬，聯合國二十六屆大會即將開幕，又將演出每年中華民國在聯合國席次之保衛戰。鑒於一年前，聯合國大會處理阿爾及利亞所提「排我納中共」案，我方僅以五十一對四十九票，兩票險勝，一九七一年中華民國是否能保住聯大席位大有疑問，成為兩岸政府極為關注之事。故布朗大學及安娜堡國是會議通過以上決議，已清楚顯示保釣運動已與保釣無關，而成為擁護大陸與唾棄台灣政府之政治運動，這些決議有無背後推手？

73 任孝琦，《有愛無悔》，頁九三—九七。

參與一九七一年安娜堡大會之左派大將王正方指出，這些決議並非是參與會議人士自動自發之舉，而是奉中共駐加拿大大使館之「指示」。他在一九八五年透露：

> 密西根國是會議上提出五項原則，要打出紅旗，引起鬥爭用投票解決，這些事並不是自覺的，而是有關方面有所指示的。這方面我是確實知道……會場中還有人執行這項指示。[74]

王正方在二〇〇八年的著作中又透露：

> 大陸方面對美國保釣運動最明顯的介入，表現在一九七一年九月初安娜堡國是大會上……會上就有耳語相傳，說加拿大那邊的「意思」是希望大會能做出決議：承認中華人民共和國是唯一代表中國人民的合法政府。當時中國與加拿大已正式建交，渥太華設有中國大使館，「意思」是由那邊傳來的。[75]

王正方先生這些透露，終於證實布朗及安娜堡國是大會已甘為中共御用之工具。東吳大學

---

74 龔忠武等編，《春雷之後——保釣運動三十五週年文獻選輯》（參）（台北：人間，二〇〇六），頁二四四五。

75 王正方，《我這人話多》（台北：九歌，二〇〇八），頁九五—九六。

物理系教授劉源俊，在二〇〇八年接受有關保釣運動訪談時，也有類似看法。[76]

除了通過這幾項決議外，整個大會討論主題分為兩大部分。一大部分討論中共歷史、軍事、外交、對台政策、對知識分子政策、人民公社、醫療、社會福利等各種議題，一小部分則討論台灣之經濟、教育和前途，另外也討論了保釣運動與聯合國代表權問題。

大會主席團人員以及各項議題報告人，均由大會所任命，全是清一色左派人士。開會的第一天，主席團及主講人意識型態即明顯露出，而且他們對持不同意見者，或強詞奪理，或加以人身攻擊。

例如一位有關中共軍事發展之主講人，說韓戰是由南韓在美國支持下侵略北韓。對於一九五八至一九六〇年之「大躍進」，一位主講人說是一大成功。當一位同學提問：「大陸那麼好，為什麼每個月有五、六百名大陸難胞冒死逃到香港？」得到的回答是：「這些人都是垃圾。」一位報告台灣教育的嚴永財，對台灣的教育大肆批評，他說：「台灣的教育完全是為了政治服務，你們（指台下聽眾）就代表台灣教育的失敗。」討論台灣經濟問題時，一位主講人認為外資都是帝國主義的投資，當有人指出此點仍有討論空間，主席團回答說：「開發台灣應完全拒絕外資，不必做理論上的爭辯。」[77]

---

[76] 〈劉源俊教授訪談〉（二〇〇八年十月二十四日），清華大學（新竹），保釣文獻館，頁八，九五—九六。

[77] 《安那堡國是大會評論特刊》（亞特蘭大，一九七一年九月），頁一、二、一一。

另外，會場議事規則更是不公。報告人報告後，聽眾發言被限定為兩分鐘，根本無法表達不同意見。會議主席常脫口說：「這是群眾大會」，又稱主講人為「同志」。當有人抗議大會完全親共及議事規定不公時，得到的回答是：「這是我們的國是大會，你們如果有興趣，你們也可以自己去開。」[78]

更令人意外的是，對於有人在會中發表不同立場時，連台下戴紅臂章的糾察也加入制止行列，將發言人包圍並加羞辱：「你講的是廢話！」「你的腦袋怎麼長的？」「你這種人就是奴才！」「你是不是中國人？」等。在這種氣氛下，喬治亞理工大學學生黃興維，在第二天上午會議上，預備提出抗議，結果尚未發言就被關閉麥克風並命令坐下；當他憤而退席，還被左派人士吼罵：「滾出去！」這下激起六、七十位與會者（約占總出席人數五分之一）同時退出會場。由於左派人士氣焰過分囂張，到了第三天下午五時，大會討論台灣問題時，出席人數只剩下八十三人。從這會議開始時之四百三十七人，降到如此少之人數，可知會議並不得人心[79]。

一些退會的同學，在事後出版了一本《安那（娜）堡國是大會評論特刊》，內中引述一位同學的感言：「我滿懷希望看到我國家的菁英，能聽到他們大公無私的批評，但會議各項報告中只有對中共的歌功頌德，毛澤東被奉為神，大陸被描寫成天堂。」他又說：「我害怕了，若

---

78 同上，頁五。

79 同上，頁三、五、九。

真叫我在國民政府與中共政權兩者之間做一選擇，我還真不敢選擇中共啊！」另一位同學對此次會議做了如下結論：「這其實是『中共國是大會』、『毛澤東思想布道大會』，或是『洗腦大會』。」一位自大陸逃出來的同學則說：「這簡直是紅衛兵的大陸嘛！」[80]

我自己也參加了那一波退會行動。我除了跟他們有相同的感受外，還有另一段荒唐的遭遇。會議中有安排歌曲教唱，如中共國歌〈義勇軍進行曲〉及〈東方紅〉等。前者我還知道，後者倒是第一次聽到，歌詞如下：

東方紅，太陽升，中國出了個毛澤東。
他為人民謀幸福，呼兒咳呀，他是人民的大救星。
毛澤東，愛人民，他是我們的帶路人。
為了建設新中國，呼兒咳呀，領導我們向前進。
共產黨，像太陽，照到哪裡哪裡亮。
哪裡有了共產黨，呼兒咳呀，哪裡人民得解放。

我一聽，覺得實在肉麻，故不肯唱。另外，他們念《毛語錄》，我跟沈君山（時任普渡大學

80 同上，頁一五、一七、二二、二三。

教授）均不肯念。這下子，十幾名左派學生把我倆包圍起來，大聲斥責我們為「漢奸」。我大聲質問：為何漢奸？他們的答覆是：「不唱〈東方紅〉、不念《毛語錄》，就是反毛，反毛就是反華，反華就是漢奸，漢奸人人可以誅之」，他們此時幾乎要對我倆拳腳相向。後來他們大概想到一動拳腳，將影響「統戰」效果，就放了我倆。但這件事使我既怒又悲。我怒的是我連不唱歌、不念語錄的自由都沒有；悲的是這些左派同學都是高級知識分子，他們「漢奸」理論之不合邏輯與幼稚，已到了匪夷所思的地步。我一生反共是基於理性思維與知識判斷，但此一場面，使我認識到政治理念之不同，可以使人失去理性，將對方視為仇人。我當時想，大陸反右派鬥爭及文革期間的文攻武嚇，大概就是這般情景，只差我未遭拳腳相向。

國是大會結束後三個月，大會出了《安娜堡國是大會記錄》。我看過以後，發現前述《特刊》所批評的左傾現象並不誇張。例如王春生，在其〈台灣一個半殖民地的經濟〉報告中說，「台灣近二十年來，不但淪落到一個美、日半殖民地的經濟地位，隨之而來的是官僚資本集團和少數富商勾結的民族資本集團等買辦階級的大富大貴，和勞動人民的被壓迫、剝削，更加上貧民問題的日趨嚴重。」她甚至說，台灣一些家庭「可能還要三月不知肉味」[81]。再如姚鳳北，在其〈人民公社簡介〉報告中指出：「一九五八年人民公社，實行成就是不可否認。」[82]又如花

81 《安娜堡國是大會記錄》（安娜堡，一九七一年），頁六一—六二。

82 同上，頁二九。

俊雄，在其〈有關台灣前途〉報告的結論說：「台灣獨立是個統治階級與被統治階級、資產階級或剝削階級與被剝削階級中的矛盾鬥爭問題，因此我們認為（台灣）走社會主義的道路與和中國大陸同胞共同走社會主義的道路是容易走的，犧牲最少，幸福最多的道路。」[83]

該《記錄》還包含一份〈安娜堡國是大會民意調查統計報告〉，填表人有兩百八十人，內容摘錄如表一（頁七四—七五）。[84]

由於右派數十人在大會第一天中午已離席表達抗議，所以這個調查結果只反映在場大多數左派或左傾人士的心聲，他們左傾的程度實在驚人。

該大會記錄還把毛澤東的兩段話，印在《記錄》醒目處：

世界是你們的，也是我們的，但是歸根結蒂是你們的。你們青年人朝氣蓬勃，正在興旺時期，好像早晨八、九點鐘的太陽。希望寄託在你們身上……世界是屬於你們的，中國的前途是屬於你們的。

多少事，從來急；天地轉，光陰迫。一萬年太久，只爭朝夕。四海翻騰雲水怒，五洲震盪

83　同上，頁八二。

84　《安娜堡國是大會記錄》，頁一一三—一一五。本調查報告，內容議題甚多，現只挑選較重要者列出。在四、「你對下列人名或團體名（稱）的感覺」欄，原調查將每一項目分成五個選項，為清晰計，將之歸併為三個選項。

風雷激。要掃除一切害人蟲，全無敵。[85]

芝加哥大學保釣委員會在會議後出版的《釣魚台快訊》，對會議內的左傾氣氛有極傳神的報導。會議某晚放映紀錄片《一定要把淮河治好》，內中描寫農民如何整治淮河。一位來自紐約的同學質疑，這種不借重機械、只用人力，似乎有賤用人力之嫌。一位威斯康辛大學的女同學氣得幾乎掉淚，她回答說：「中國沒有錢，沒有機器，有的只有人，把人組織起來治河有什麼不對？我看到電影裡面人民工作的情形，恨不得自己也能去參加。」這位女同學得到三天會議中最熱烈的一次掌聲[86]。

香港《明報》在安娜堡會議一個月後，登過一篇側記，內中對會議的氣氛有如下的描繪：

月華初上，夜涼如水，大家圍坐在綠草如茵的廣場上，有人奏著手風琴，男女四部齊唱，一會兒是「黃河在咆哮，黃河在咆哮」，一會兒是「我們要做主人去拚死在疆場，我們不願做奴隸而青雲直上」，一會兒又是「把我們的血肉，築成新的長城」……中華兒女們巨大的聲浪散布在月明星稀的晴空裡，飄呀，飄呀，它將飄過美國西部的高山，飄過浩瀚的太平洋，飄到

85 同上，頁三、一一六。
86 林國炯等編，《春雷聲聲》，頁四一一。

表一：〈安娜堡國是大會民意調查統計報告〉內容摘錄

一、職業：學生：200，就業：78

二、身分：美國公民：7；持有永久居留權：89；持有學生護照：165

三、從何處來美：台灣：138；香港：114；其他：27

四、你對下列人名或團體名的感覺：

i)中國共產黨：十分擁護(122)與擁護(74)：196；普通：37；反感(17)與深痛惡絕(11)：28

ii)國民黨：十分擁護(2)與擁護(1)：3；普通：18；反感(38)與深痛惡絕(188)：226

iii)毛澤東：十分擁護(136)與擁護(54)：190；普通：44；反感(9)與深痛惡絕(6)：15

iv)蔣中正：十分擁護(1)與擁護(3)：4；普通：14；反感(32)與深痛惡絕(200)：232

v)資本主義：十分擁護(4)與擁護(9)：13；普通：33；反感(67)與深痛惡絕(132)：199

vii)共產主義：十分擁護(140)與擁護(45)：185；普通：30；反感(19)與深痛惡絕(11)：30

（接上頁）

ix)台灣獨立運動：十分擁護(6)與擁護(10)：16；普通：22；反感(48)與深痛惡絕(164)：212

x)三民主義：十分擁護(19)與擁護(52)：71；普通：83；反感(49)與深痛惡絕(28)：77

**五、中國前途問題：**

台灣立刻成為中華人民共和國的一省：65；台灣先成為中華人民共和國的自治區，然後逐漸變成行省：173；台灣成為獨立國：8

**六、對聯合國的席次問題：**

你是贊成中華人民共和國成為中國唯一合法代表：231，中華民國為唯一合法代表：1，美國提出的雙重代表案：9

**七、如果中共還要你回國服務的話，你在什麼情形下就會接受？**

在現在的情況下就會接受：122；如果能發揮我的才能就接受：53；如果能得到我現在的待遇就接受：0；一定要等到大陸政權改變才能接受：20；絕不接受：0

祖國家鄉……[87]

在這種氣氛下，沈君山和我不唱〈東方紅〉，自然引起這些左傾同學之憤怒。

一九七九年，張系國教授寫了《昨日之怒》一書，說明會議如何走向一面倒：

> 在籌備開始時，邀請的各討論小組主持人，各派人物都有。但是尼克森宣布訪問大陸後，情勢急轉直下，原先並沒有參加運動的人物，紛紛冒出來，主持人偏右派的都被換下來。到開會時，左派控制會場行動太明顯，只要意見不合就沒有發言的機會，右派想搶麥克風發言，沒有成功，一怒之下集體退出會場。右派一旦退出，剩下的中間派就成了被打擊的對象，會場形成一面倒的趨勢。[88]

一九八九年，沈君山教授出版《尋津集》，敘述他被「鬥」的經驗：

> 國是大會完全是被當時激進的左派控制的大會。親國民政府的少數留學生，在經過一番爭

87 任孝琦，《有愛無悔》，頁一〇五—一〇六。

88 張系國，《昨日之怒》（台北：洪範，一九七九），頁二三八—二四一。

執後，第一（應為二）天就退出了大會。因為我的知名度，也因為我幾乎是唯一留下肯替國民政府辯護幾句話的所謂「右派」分子，在大會的三天，就成了被說服和團結的主要對象。每天晚上都被「鬥」到清晨三四點鐘。

他也說出在聽完有關中共農業報告後，他提問被「嗆聲」的經過：他提問：「希望知道大陸人民每日食物消耗的熱量，和從一九五〇年起的增加率？」報告的人承認不知道，但主席項武忠教授憤慨地回答：「畫報上大陸人民都是胖胖、笑咪咪的，絕不會吃不飽！」[89]

為何在安娜堡會議上有這種左右對立的現象？根據我當時在美國已留學六年的觀察，無論從台灣或香港去的留學生，大多數沒有太強烈的意識型態，他們大都準備畢業後在美國落地生根。所以，到安娜堡參加會議的學生，思想或為左傾或為右傾，因為他們對意識型態較有興趣，對於支持台灣或大陸也較有定見，才會前往參加「國是大會」。另外，我在此必須指出，本書所稱參加保釣運動的中國留學生及其他華人，大都來自台灣，香港人數其次，沒有大陸來的學生或人士，他們要等到一九七九年中國和美國建交後，才陸續來到美國。

參加安娜堡會議的台灣與香港留學生為何那麼多人左傾？

水秉和，為安娜堡國是大會主要負責人之一，當時他正在密西根大學政治研究所念書，在

89 沈君山，《尋津集》（台北：遠流，一九八九），頁一一七。

保釣運動左派人士之中，他是少數受過社會科學訓練的人。在保釣運動結束十五年後，他對釣運人士走向左傾的心路歷程，做了一個比較清楚的分析。他的主要論點是，釣運受了「文化大革命」的重大影響，釣運全面肯定文革；釣運左派人士雖然也看到文革武鬥的慘烈情況，以及紅衛兵抄家及破壞文化遺產的惡劣行為，但是由於以下因素使得他們仍然肯定文革：

第一、中共一九六六、六七、六九年的幾次核子試爆，對渴望中國強大的海外華人發生巨大影響。

第二、受到校園圖書館中介紹中共書報的影響，這包括《毛澤東選集》、《人民畫報》、《紅旗》、斯諾(Edgar Snow)的《西行漫記》(*Red Star Over China*)；也受到校園放映的電影，如格林的《中國》，音樂劇，如《東方紅》的感染。

第三、受到當時美國學術界所流行的一些思潮(作者註：此應指「新左派〔New Left〕思潮)的影響，這包括反對美國資產階級對國內少數民族及第三世界之壓迫與剝削；反對美國支持一個腐化的南越政府，企圖以最新式的武器去壓制一場人民解放戰爭；認為中共和古巴已為第三世界走出一條自力更生的道路等。

水秉和指出，由於受到以上影響，釣運左派人士得到一個共識：「中國大陸雖然仍然貧窮，但是卻發展出一個無私的、平等的、合理的和超過世界上其他所有國家的新社會。他們接受了階級分析，接受了知識分子的犯(原)罪意識，接受了台灣是美國帝國主義的附庸，主要是因為他們相信，中國通過了文革的改造，已經走向一個理想王國。」[90]

左派人士對於當年安娜堡會議有何反思？會議席上左派大將花俊雄，後來也承認左派的不公正，以及他們的偏頗。他說：「自己是『台上說一套，台下說一套』，因為上台就要跟右派比高下，一定要火力猛烈，寸步不讓，『不然下台後會被大家批判，說仗沒有打好』；結果是『祖國好，要說得更好，台灣有一分不好，要說成十分，才夠力』。」[91]

我退出會場後，開車回芝加哥，三個小時的路程上，內心並不憤怒，反而有深沉的悲哀。具體來說，我的一些感想如下：

第一、知識分子都有追求自己的理想、價值、人生和國家方向的權利，但是不必去批評或羞辱別人的不同理想、價值和方向。

第二、知識分子應慎思明辨，不應以偏執的理念或信條討論事情。例如：將接受外資和技術認定是殖民地經濟；對於吸收外來文化，就認為是有如妓女被嫖；或認為擁護毛澤東與中國共產黨是救國的不二法門。

第三、清末以來，「清議派」的知識分子，非常自大與狂妄，動輒祭起「民族主義」大旗，或者排外，或者主戰，最後多是以喪權辱國收場。從一八八三年中法之戰，一八九四年甲

90 林國炯等編，《春雷聲聲》，頁七一九—七二一。

91 任孝琦，《有愛無悔》，頁一〇七。

午戰爭至一九〇〇年八國聯軍侵華，清議派都是主戰派，但戰事失敗後則撒手不管，由李鴻章等實務派人士善後。釣魚台事件期間，左派對政府極盡攻訐之能事，逼迫台灣政府對釣魚台採取強勢作為，但是政府有無能力以及如果採取強勢作為而引發重大後果，他們則在所不問。

第四、左傾同學對台灣的無情無義，令人心寒。在填寫民調報告的兩百八十人中，來自台灣的有一百三十八人。不管他們對中華民國政府或政策有何看法，這是他們的自由，但他們對當時一千五百萬台灣同胞，總該有基本的同胞愛。當他們在會場上承認中華人民共和國政府為中國唯一合法政府，並要把中華民國從聯合國趕出去，他們對得起這些在台灣的同胞嗎？他們能到美國留學，從小學到大學，起碼十六年的教育是在父母和政府支持下獲得的。在一九七一年，沒有任何跡象顯示，這一千五百萬人願意接受中華人民共和國之統治。這些在台灣長大的年輕人，怎可對自己同胞如此薄情寡義？一個最基本的文明價值是，你有權決定自己的命運，但無權決定別人的命運。

回到芝大校園後，我特別往見芝大政治系鄒讜教授。鄒教授是國民黨元老鄒魯之子，畢業於西南聯大，抗戰勝利後赴美留學，獲芝大政治學博士，然後留校擔任教授。他著作等身，其英文名著《美國在中國之失敗，一九四五—一九五〇》，享譽數十年，是一位標準「傳道、授業、解惑」之良師。鄒師專心授課著述，從不參加校內任何政治活動，更不趕時髦，膜拜中共或毛澤東。

我先向他報告在安娜堡國是大會所發生之一切，然後我向他請教：五四以來，中國知識分子都具有「感時憂國」之情懷過問國事，多計國家民族之大利而少具私心，在安娜堡的左傾學生，在政治上為何如此勢利？對台灣如此薄情？鄒師聽完後，很感慨地說：許多知識分子確實是「感時憂國」之正人君子，但也有許多知識分子，則是政治上的投機分子，隨著中國政局之轉換而賣身求靠，他特別指出，一九四〇年代後期「民主同盟」中即有此種人士，所以他對安娜堡那些左傾學生的行為，並不覺得意外。鄒師最後還加重語氣告訴我說：二十世紀中國知識分子之問政行為有許多特點，但是「投機」恐怕是其中最大特點。聽完鄒師一席話，我雖茅塞頓開，但我離開他辦公室時，心情非常沉重而難過，他的話我一生難忘。

十月，中共取代中華民國加入聯合國，保釣左派之氣勢如日中天，左右兩派人士已形同水火。左派高唱回歸祖國，右派則誓言要與台灣共存亡。我是後者，並決定將來回台灣服務，我曾將此意和芝大一位同學談過。

突有一天，這位同學向我轉達另一位芝大華裔美籍左傾教授給我的警告，大意是說：台灣已被趕出聯合國，距亡國之日不遠，你還要回台灣服務，實在是頭腦不清，君子要「識時務者為俊傑」等語。我一聽火冒三丈，認為這種說法有辱知識分子風骨，所以我請這位同學回報他：「生為中國人，死為中國鬼。我來自台灣，我將回去台灣；他既然愛中國，請他回大陸，我們都不要留在美國討生活。」後來，我如約回到台灣；他直到今天，雖常到大陸訪問，被待如上賓，但仍長期留居美國，以迄去世。

我真沒想到，鄒讜老師才指出「投機」是中國知識分子問政的最大特點，另一位教授竟以「識時務者為俊傑」，來斥責我回台服務的想法，這使我更為感佩鄒師的真知灼見。

## 八・保釣轉為中國統一運動

安娜堡國是會議之後，九月二十一日，聯合國大會揭幕。台灣留學生左右兩派分別舉行遊行，右派支持台灣，左派支持大陸。由於在布朗大學和密西根國是大會受到重挫，這次右派大力動員，出乎意料來了六千多人，大部分為華僑，留學生約有一千五百人。左派僅有六百多人，還包括美國黑豹黨(Black Panther Party)和波多黎各人。最引人注目的是，左派遊行行列中，有巨型毛澤東相片和大幅五星旗，這在美國華人運動中是破天荒之舉。

在下午遊行時，左右派群眾互相嘶吼，右派人多，大獲勝利。晚上有六百多位親台灣的學生集合，當有人提議宣示效忠國家時，全體學生一致起立，誓言將「生命、智慧、時間」奉獻給國家，會議激昂氣氛達到最高潮。會議主席提出年底前召開「全美反共愛國會議」、並組織「反共愛國聯盟」的提案，出席同學一致支持，這個決定是釣魚台走向左右完全分裂的分水嶺[92]。

安娜堡國是大會結束後，同月，透過中共駐加拿大大使館之安排，第一批五位美國保釣左派學生領袖被邀請到大陸訪問二個月，並參加中共十月一日國慶，這五位是李我焱、陳治利、陳恆次、王春生和王正方，均來自台灣。這五人在四月十日大遊行、布朗及安娜堡國是大會都

92 任孝琦，《有愛無悔》，頁一一六。

扮演重要角色，其中李我焱還是四月十日大遊行之總指揮。

他們在大陸前往廣州、上海、南京、杭州和北京等城市，也參訪山西大寨、學校、工廠、農村以及人民解放軍部隊。十一月二十三日夜晚九時許，由周恩來總理親自接見，暢談六個多小時，至凌晨四時始散。周總理大談中共九項路線鬥爭，當他們向周總理詢問林彪事件時，周總理以「社會主義的路線鬥爭，有時候非常激烈」而一語帶過。會談中談到何時解決台灣問題，周回答說：「台灣問題的解決在你們這一代應該可以見到。」[93]

這次訪問對於這五位同學鼓勵極大，回美後他們的言論對大陸更加諂媚。據加州大學舊金山分校學生郁慕明說，陳恆次應邀赴大陸參觀回來後曾發表演說，他說大陸的農村養豬場都非常乾淨，豬也長得白白胖胖，原因是「大陸上的豬每天聽《毛語錄》，受到毛主席思想感召，晚上都會自動排隊出去小便，當然豬舍乾乾淨淨，豬也不長癩、不生病，非常健康」。更令郁慕明覺得不可思議的是，在場聽講的博士、碩士竟一起鼓掌，「被說服的豬」後來成為右派學生間的笑談[94]。針對此五位左派學生領袖訪問中國大陸，《中央日報》海外版早在九月底便已報導，但國內版至十一月二十八日才刊出〈共匪「釣運」陰謀敗露——知識分子及早警覺〉的社論。

93 見龔忠武等編，《春雷之後》（壹），頁一二二六—一二三一。

94 任孝琦，《有愛無悔》，頁一〇五。

此時，保釣左派陣營發生內訌，據《中央日報》報導，紐約保釣會左派大將徐守騰的自白書，以及左派「保釣會造反總部」向徐守騰的宣戰書，透露出左派內部有溫和與激進兩派路線之爭。徐守騰是溫和派，他在十一月二日寫的自白書中說：

大家都了解「釣運」組織，是實現我們理想（為祖國服務）的整個統戰工作的一環……進而認識祖國的成就，再分析這種成就為什麼導源於共產主義的理論和毛澤東的思想。這就是我為什麼苦心積慮的希望這個運動要穩健勝於冒進……所以，我不僅帶著溫和的臉孔出現，我也建議李我焱處處藏鋒，我這種作法不是要把大家向後拉，或是向右推，而是根據毛澤東的群眾路線（一條是群眾實際上的需要，而不是我們腦子裡頭幻想出來的需要；一條是群眾的自願，由群眾自己下決心，而不是由我代替群眾下決心）和游擊戰術的「圍點打援」（點是國民黨及其同路人，要孤立他們；援是國民黨同情分子及中間路線人，要爭取他們）的原則來推動釣運……最後引毛澤東的話來與諸位共勉共勵，「人的正確思想，只能從社會實踐中來」，所以我們不能老是閉門背誦語錄，高談理論，我們要捲起袖子，冒著風雨，到街上散傳單，貼布告，招簡報，跑郵局，察民情，探民隱……來應驗我們的思想。[95]

95 龔忠武等編，《春雷之後》（壹），頁三〇七—三〇九。

對於徐守騰的自白書，署名「保釣會造反總部」的激進派，於十一月十日發出要對徐守騰鬥爭的宣戰書：

親愛的××同志：

近來革命形勢大好，偉大的祖國已恢復了聯合國的席位，保釣反對運動也與群眾結合，開花結果了。而我們革命隊伍中的一株大毒草，潛伏的黑幫分子，自封為釣運的「管家」徐守騰，也顯出了真面目……還在十一月二日專門寫一封信來自我表功，沒有坦白的誠意，不肯徹底檢討，虛心學習，還誇誇其談，充分顯出了他的山頭主義的作風……大家一齊來把他揪出來，徹底的把他鬥臭鬥垮。[96]

從這兩封信看來，溫和派採取游擊戰術的「圍點打援」，孤立右派分子，爭取大多數中間人士；激進派的作法則是「造反有理」，對任何不從人士，就要鬥臭、鬥垮，簡直是文革鬥爭模式的翻版。這也說明激進派已成左傾學生運動主流，「保釣」此時已成一雙破鞋，被遠拋身外，擁抱中共才是當務之急。

十月二十五日，中華民國退出聯合國，十一月一日五星旗在聯合國廣場升起。這時，柏克

96 龔忠武等編，《春雷之後》（壹），頁三〇五。

萊、洛杉磯的左派學生，正式發起中國統一運動，在全美各地成立「中國統一行動委員會」。同月，加州柏克萊及洛杉磯保衛釣魚台行動委員會提出「發動中國統一運動草案」，其具體主張包括：

**一、對於終止美國干涉方面**

美政府必須立即宣布放棄其二十年來使用武力支持蔣介石集團的侵略政策，承認中華人民共和國是代表中國人民的唯一合法政府，台灣省是中國領土不可分割的一部分，宣布廢除美蔣安全條約，美軍立即全部撤出台灣海峽與本島。

**二、對於台北政權方面**

公開承認過去二十年來對外勾結帝國主義，喪權辱國，對內使用特務統治，殘殺人民，實行違反人民利益的反共國策，並宣布一年之內解散國民政府，為了表示對人民悔過之誠意及防止台灣內部混亂起見，在這一年內，蔣政權必須採取以下措施：

1. 公布二二八大屠殺真相，懲辦元兇彭孟緝、柯遠芬等。
2. 釋放一切政治犯，開放言論出版之自由，解散調查局、警備總部等特務機構。
3. 廢止「總動員法」及「戒嚴法」。
4. 停止壓制島內學生運動。
5. 遣送願意返回大陸的老士官回歸故鄉。

6. 解散軍隊、憲兵，保留部分警察實力。
7. 實行普選，由各階層人民組成臨時政府以實行和平轉移台灣，回歸祖國懷抱，從與大陸通郵，相互訪問開始。[97]

十二月二十四到二十五日，左派學生與僑胞共三百餘人在哥倫比亞大學舉行「中國統一討論會」，由芝大何炳棣教授以及剛從大陸訪問歸來的李我焱、陳恆次、王正方、陳治利各做專題報告。

陳恆次是九月訪問大陸的五位保釣左派領袖中唯一的台籍人士，所以他在討論會上，就以〈台灣同胞的願望及中國統一〉為題，提出台灣工農同胞至少有下述願望：

一、台灣農民年年遭受苛捐雜稅的剝削，至少百分之三十以上的收成都被蔣政權搜括去了，生活貧苦，負債累累。因此，台灣農民希望台灣解放，中國統一。

二、長期以來，台灣工人備受剝削，上不足以養父母，下不足以育子女。可是大陸上的工人階級就不同了……工人們不愁吃不愁穿。相比之下，台灣工人能不望重歸祖國懷抱嗎？

97 同上，頁九九、一〇〇。

三、台灣婦女當中被環境所迫而當妓女的比例，占世界最高位。大陸上沒有妓女……成為與男人平等的力量。這樣，占有台灣人口一半的婦女同胞，當然希望解放，統一中國。

他的結論是：「經過二十二年社會主義改造，大陸今日已成為一個風尚良好，道德水準很高，沒有貪污腐化，沒有特權階級，沒有貧富懸殊的社會，人民充滿了民族自信心與自尊心。我想，台灣任何有良知的人，都會喜歡大陸這樣的社會。為了使台灣成為一個好社會，台灣人民一定希望中國統一。」[98]我讀了他的演講之後，真不知他怎敢在大庭廣眾之下，說出這些毫無根據而又離譜的話。

十二月三十一日，中國大陸外交部發表聲明，中國人民一定要解放台灣！中國人民也一定要收復釣魚台等台灣的附屬島嶼[99]！

一九七二年，李我焱、郭松棻、劉大任等一共八十餘名保釣左派人士，應中共周總理之邀請，參加聯合國祕書處工作。

98 林國炯等編，《春雷聲聲》，頁四五八—四六二。
99 同上，頁五一、五二。

## 九・「反共愛國會議」——右派大反擊

以上這些發展給支持台灣的學生極大刺激。此時，反共學生與學人只有兩條路可走：一、承認失敗，遠離政治；二、奮起抗戰，堅定支持中華民國政府，並提出興革意見。大家決定走第二條路，展現「疾風知勁草，板蕩識忠臣」的精神。

首先，在一九七一年十一月三十日，由沈君山教授起稿，許倬雲教授聯名，並由李遠哲教授等一百名學人及學生簽署，向蔣中正總統提出上千言的「國是意見書」，我也應邀簽名其上。時值第一屆國民大會第五次會議召開前夕，要求政府進行下列改革：

一、民意代表顧名思義應代表民意，在此原則下我們贊同全面改選。

二、人權法治與輿論自由是民主政治的基礎，是反共最大的動力。

三、司法獨立，政治不得干涉。

四、經濟繁榮成果的分配應全民共享。

五、政府在短期內提出確切的國策政綱，在台澎金馬地區舉行一次公民信任投票，以示真正改革之決心。

總統府祕書長張群事後客氣函覆，但政府對這些建議並未採取具體行動[100]。

其次，十二月二十五至二十七日，在華府召開「全美中國同學反共愛國會議」，從全美各地來參加的人士，共有五百六十八人，我也前往參加並主持其中一場會議。

會議中爭執最激烈的事，是聯盟的名稱。一派學生主張成立「自由民主聯盟」，認為名稱有「反共」兩字，就會被認為是國民黨外圍組織，等於把「國民黨」三字貼在臉上，中間人士將不願加入。他們認為「自由與民主」是國家奮鬥的理想與目標，「反共與愛國」只是手段和過程，前者遠比後者重要。此一主張最力者有沈君山、魏鏞、劉源俊和我等人。另一派同學則堅持「反共愛國」，認為「現在是宣戰的時候，一定要旗幟鮮明」。兩派對名稱爭執不下，最後經過表決，還是以「全美中國同學反共愛國聯盟」（簡稱「愛盟」）作為新組織的名稱。

我因在芝大熟讀中共對知識分子統戰的歷史，知道在大多數情形下，群眾都是兩邊小、中間大，一個政治運動能否成功，在於能否爭取到中間的大多數人。我復鑒於左派在安娜堡會議犯了「堅壁清野」之錯誤，所以曾在會前與一位從台北前來參加會議的黨政大員，懇切陳詞，堅決主張聯盟應稱「自由民主聯盟」。我甚至說，「反共愛國」四字當然最為台北當局滿意，有關人員也可因而「加官晉爵」，但是我們這批孤臣孽子，還要在海外繼續與左派鬥爭，能否勝出，全看能否爭取到中間人士之支持。但是他不為所動，雙方弄得面紅耳赤，我幾乎要退出

100《遠見雜誌》，一九九〇年五月號。

會議。這時我才懂得為何俗語說：「將在外，君命有所不受」的道理，因為在外作戰之將，比較了解作戰大勢，應多予行動自由，可惜台北來之大員沒有這個氣度。

會議演講台後方是一面巨幅國旗，兩邊對聯寫著「拚我生命，流我鮮血」、「還我河山，還我自由」。會場上還有另兩組標語，「愛國必須反共，反共就是愛國」、「只要有我在，中國一定強」，充分表達大家的心聲。

大會對於台灣政府提出十大建議，許多建議是針對一年來左派在各項集會對台灣的批評而提出。第一個建議是「盡速辦理改選或大幅增補選中央民意代表（註：本來主張全面改選，以示對萬年國會的不滿，但由於這與政府的決策有違，經台灣來參加會議的人士與學生私下協調，最後學生讓步）」。其他建議還包括：大力推進以保障礦工、鹽民、漁民、農民等為主的社會福利政策（註：回應左派指責政府對台灣弱勢階層照顧不足）；制訂新的外交政策（註：因應退出聯合國後，鞏固對外關係）；培養活潑、創造、有獨立思考能力的愛國青年（註：此係指許多從台灣出去的青年，心中無主見，容易被左派洗腦）；杜絕官商勾結、貪污浪費與改正奢靡社會風氣（註：此些事情左派攻擊最力）。大會閉幕三天後，「愛盟」正式成立，從此與左派在紐約成立的「中國統一行動委員會」分庭抗禮[101]。

101 任孝琦，《有愛無悔》，頁一二七—一三七。

這十大建議都是針對台灣政治、外交、經濟、教育與文化之缺失而提出。證諸中華民國政府日後所推動之許多「革新保台」措施，與這十大建議都非常吻合，而當這些參加「愛盟」人士日後逐漸回國服務，他們在工作崗位上，自然都將這些建議落實。

在這個會議上，也有讓人感傷的一幕。在安娜堡大會，我與沈君山是左派文攻武嚇的對象。我第二天憤而退會，但君山兄一直參加到最後。根據他日後出版的《尋津集》，他一直被左派糾纏，最後他連提一報告的機會都不可得。這次愛盟大會邀請他以〈革新保台，志願統一〉為題，提出報告，在當時是非常前進的說法，被部分同學認為此一題目隱含台獨思想而激烈反駁，甚至有少數學生衝上台想對他動粗，最後他被支持學生護送離開會場，在旅館另覓房間，開闢言論廣場。事後他表示：「愛盟和我的關係到此為止，此後我不認同愛盟，愛盟也不認同我」[102]，我聞之鼻酸。他在安娜堡及華府均受到討伐的待遇，可見當年在美國左右兩派鬥爭之激烈，這也使我想起，胡適在一九五〇年代所提「容忍比自由更重要」主張的明智。

愛盟有四個分會：美東、美西、美中、美南。美東分會設在紐約，分會刊物為《自由人》；美西分會設在舊金山，分會刊物為《清流》；美中分會設在芝加哥，分會刊物為《留學生評論》；美南分會設在新奧爾良，分會刊物為《美南通訊》。此外，在波士頓的愛盟人士則出版《波士頓通訊》，在所有愛盟刊物中，為時最久。關中（佛萊契爾法律外交學院博士生）曾

102 同上，頁一三〇。

任總編輯，馬英九亦主編過該雜誌兩年，寫了十萬字。該刊曾發出豪語：「《波士頓通訊》要出到中國問題解決的那一天。」[103]

103 《留學生的十字架》（台北：時報，一九八二），頁二一。

## 十・保釣運動落幕後的省思

一九七一年十月，美國參議院為審查美國國務院「沖繩回歸條約」舉行聽證會。國務卿羅吉斯作證時明白表示：「此一條約對尖閣群島之法律地位不受影響」，亦即其主權爭議應由爭議各方自行解決。

為了向參議院進行遊說工作，在德拉瓦州和巴爾的摩市的保釣分會以及其他地區人士努力下，組成一個遊說小組。他們請到楊振寧、吳仙標等四人前往作證。在證詞中，他們或要求參議院應明確地表示中立，否則美國將播下中日衝突的禍根，或要求將釣魚台從條約中剔除。參議院在十一月十日以八十四票對六票批准該條約，參議院外交委員會並發表聲明：

中華民國、中華人民共和國及日本，都聲明對這些島嶼擁有主權。美國國務院認為美國在這方面的權力完全來自對日和約，從這和約美國只接到管理權，沒有主權。所以當美國把管理權轉交給日本時，並不表示主權的轉移（美國沒有主權），也不影響任何一方主權的主張。本委員會重申這個條約不影響任何一方對尖閣諸島或釣魚台列嶼主權的主張。

此一遊說努力雖未完全達成目標，但總算盡力，其中約翰霍普金斯大學錢致榕教授，亦出力甚多[104]。

一九七二年五月九日，中華民國外交部聲明表示：「現美國將該列嶼的行政權與琉球一併『交還』日本，中華民國政府堅決反對。中華民國政府本其維護領土完整的神聖職責，在任何情形下，絕不放棄其對釣魚台列嶼的領土主權。」

此時，保釣運動左右派人士均有所表態。五月四日，波士頓保釣會通過「致周恩來總理閣下函」[105]：

> 美國各地保釣會通過寫信給祖國，表明我們對維護我國神聖領土釣魚台列嶼主權的堅定立場……
>
> 我們堅信，我國政府一定能在精神上和行動上給我們充分的支持，必要時應用各種有效的方法，給帝國主義分子做最嚴厲的教訓……
>
> 讓我們八億人民、愛好和平的美國人民、日本人民，以及全世界正義人民團結起來，為打倒帝國者及其走狗而奮鬥！
>
> 謹致崇高的敬禮！
>
> 波士頓保釣會起草

104 謝小芩等編，《啟蒙．狂飆．反思》，頁一七—一二三。龔忠武等編，《春雷之後》（壹），頁六三—六九。

105 《外交部》，〈釣魚台列嶼國內外各界反應〉，019.12/0015，頁七七。

五月十三日，「愛盟」及紐約中華公所在紐約舉行抗議遊行，參加者有上千人。左派則在同日於華府遊行抗議，僅有六百人參加，演講者批評台灣政府，鼓吹同學認同中共，並回大陸參觀。另外，在洛杉磯，也有三百餘人參加示威遊行。保釣運動至此正式畫下句點[106]。

保釣既然已經落幕，回顧一年半來保釣運動左派的表現，我有很深感觸，我覺得他們之中一部分人左傾的行為，很像魯迅筆下的阿Q，為了投機，他也參加「革命黨」去了。所以，五月，我在芝加哥《留學生評論》發表〈論阿Q式的「革命青年」〉一文，大意如下：

一、首先，我解釋一些留學生左傾的原因：

> 很多中國留學生到了美國以後……開始閱讀過去大陸時代的作品，譬如老舍的《駱駝祥子》，錢鍾書的《圍城》，巴金的《家》，以及魯迅的《吶喊》及《徬徨》等等。這其中最受歡迎的當然是魯迅的作品，因為它們對中國人性和社會的黑暗面描寫得最深刻。於是這些人在對中國的一切「徬徨」之餘，一有政治風潮（像釣魚台等運動）來到，便開始「吶喊」起來了。

106 任孝琦，《有愛無悔》，頁一三八。

二、我批評他們沒有堅守自由民主的立場，以及只知魯迅而不知胡適：

第一，很多人都欽佩並同意殷海光先生對自由民主的認識及想法，但是這些朋友為什麼沒有他那種反共的精神呢？你們能想像殷海光先生去捧《毛語錄》為聖經，以唱〈東方紅〉來滿足民族情感嗎？

第二，一個受過高等教育的青年也要有能力用批判的眼光來看一個作家的作品。魯迅在攻擊中國不良傳統，在暴露中國人性缺點和社會黑暗上是很有成就的，但是他的成就可能也就止於此了……因此魯迅不像胡適，胡適曾經提出很多較具體的意見。例如他主張改良教育，主張獨立思考，主張好人政治等等。這些建議雖不能解決當時中國所面臨的一切問題，但是他這些建議總是建設性的，都是建設一個富強國家和達到民族成熟所必須進行的事。胡適也攻擊了中國的傳統，但是他更樂觀地為中國的前途有所設想，這就是胡適在思想上比魯迅更高一層的原因。但是今天許多人只知拜倒魯迅裙下，而不知魯迅之缺點，不正表明我們仍然不能做獨立的、批判性的思考嗎？

三、我指出他們的左傾是投機，有如魯迅筆下的阿Q：

談到魯迅，再想到今天的「革命青年」，由不得不想起魯迅在《阿Q正傳》中的一段話：

「阿Q的耳朵裡．本來早聽到過革命黨這一句話．今年又親眼見過殺掉革命黨，但他有一種不知從哪裡來的意見，以為革命黨便是造反，造反便是與他為難，所以一向是『深惡而痛絕之』的。殊不料這卻使百里聞名的舉人老爺有這樣怕，於是他未免也有些『神往』了，況且未莊的……男女的慌張的神情，也使阿Q更快意。『革命也好吧！』阿Q想，『革這夥媽媽的命，太可惡，太可恨！便是我，也要投降革命黨了。』」

假如我們把文中的「舉人老爺」，換成所謂的「美國佬」，把「未莊」換成「台灣」，則大約可描寫出一部分今天在海外走左派路線「革命青年」的心理狀態了。這些人在海外受了「美國佬」的氣，只好像小孩打架一樣，回家去找大哥來助威，因此不管中共這位大哥是什麼樣的大哥，只要能為自己出氣就行。同時若是自己當年在台灣受了點氣(如李我焱之曾被關於火燒島)，一見自己走親共革命路線，竟使台灣某些人士為之緊張不安，更有一股快意。不過走革命路線走到這種阿Q式的境界，也是夠悲哀的。試問這些朋友中又有幾個是真正研究過共產主義，或者是對毛澤東思想有過深刻研究因而走上「革命」道路的呢？當然筆者承認，今天的「革命青年」不都是基於這種心理而如此的，其中還有不少理想分子，夢想的人(dreamer)，和強烈民族主義者在內，但是這些人不在本文討論之內。

四、我引用魯迅和一九二〇年代所謂「革命青年」的辯論，批評保釣運動中「革命青年」對中共政權的一廂情願：

今天的「革命青年」對中共抱有狂熱的想法，以為中共所走的路線是對的，認為中共將給中國人民帶來一個「理想國」，一個黃金的世界。我們又何嘗不想見中國富強？只是我們對中國未來前途更加關心，對於未來民族發展更加審慎，因此我們不得不將我們同樣狂熾的民族情感壓下來，而以理智來判斷中共政權的一切，而我們所得到的結論跟這些朋友所得到的相去甚遠，這是為什麼我們無法和他們一起「徬徨」和「吶喊」的原因。

魯迅在《野草集》曾有過這樣的一段話：

我有所不樂意的在天堂裡，我不願去；
我有所不樂意的在地獄裡，我不願去；
我有所不樂意的在你們將來的黃金世界裡，
我不願去。

當時的「革命青年」對於魯迅這段話中的最後一句特別不滿，因此攻擊他的悲觀和虛無。魯迅反駁說：「但我倒先要問，真的只看將來的黃金世界嗎？這麼早，這麼容易將黃金世界預約給人們，可仍舊有些不確實，在我看來，就不免有些虛空，還是不大可靠！」

這是魯迅對於那些攻擊他不願去共產主義的黃金世界裡的人的答辯，這也是我們對那些對中共抱有一廂情願想法的人的答辯！[107]

這篇文章是我在保釣落幕後，我的省思以及對一部分左派「革命青年」的批評。

107 邵玉銘，《文學・政治・知識分子》（台北：聯合文學，一九八九），頁三一七。

## 十一・台灣不保釣？大陸有保釣？

保釣運動，迄今已過四十二年，它成功了沒有？當然沒有，因為釣魚台仍在日本手中；但它亦沒全然失敗，台灣和大陸政府仍堅持它們對釣魚台主權的主張。保釣時期，學生的要求大致有四點：一、向美國、日本表示，要求承認我國對釣魚台的主權。二、要求政府派艦護土、護漁。三、終止中日韓三國共同開發海底資源計畫。四、要求日本終止在釣魚台設置無人氣象觀測站。任孝琦在《有愛無悔》一書中表示，除了第二點未有行動外，第一點，政府有向美日做此表示；第三點，開發計畫無疾而終；第四點，日本已暫停興建，所以她的結論是，從目標取向來看，保釣算是一半成功，一半失敗[108]。

在一九七一年，中華民國政府因為在釣魚台事件沒有採取強而有力作為，被海外保釣人士罵得狗血淋頭，甚至以民族漢奸視之，那讓我們檢視中華人民共和國政府為保釣做了什麼努力？

大陸政府雖在一九七一年十二月三十口，由外交部發表一定要收復釣魚島等台灣的附屬島嶼之聲明，但在一九七二年與日本的建交公報裡，完全未提釣魚台主權的爭議，當時雙方決定將這個問題暫時擱置到兩國簽訂「中日和約」（結束第二次中日戰爭的和約）時再議。對於釣

108 任孝琦，《有愛無悔》，頁一〇八—一〇九。

魚台問題，當時田中角榮首相與周恩來總理的對話如下：

田中：您對釣魚台怎麼看？不少人向我提到這個問題。

周：本次不想談。現在談這問題不好。因為發現石油，這就成了問題。如果沒有發現石油，台灣和美國都不會把它當回事。[109]

周總理將台灣說成是因釣魚台蘊藏石油而提出主權主張，日方多年來，即因此嘲諷台灣乃「見財起意」，這對台灣日後交涉釣魚台主權一事，極為不利。

一九七八年四月，一百多艘中共武裝漁船到釣魚台海域作業，與日本巡邏艇對峙了五天，中共副總理耿飆表示：「一、這完全是偶然事件，中國政府沒有介入，絕對不是故意，也不是有計畫的；二、中日對釣魚台領土都同意暫時掛起來，這個島從地圖上看起來很小，這件小事情，與其現在討論，不如留待將來解決為好。」[110]

一九七八年十月二十五日，中共國務院副總理鄧小平訪日，簽署「中日和平友好條約」。在東京應記者詢問及釣魚台時，鄧小平說：

---

109 〈擱置釣魚台？日專家揭周恩來、田中角榮當年對話祕辛〉，NOWnews（二〇一二年九月二十一日），http://www.nownews.com/2012/09/21/162-2856354.htm。

110 龔忠武等編，《春雷之後》（參），頁二三三一、二三三二。

（日本稱）「尖閣群島」，我們叫釣魚島，這個名字我們叫法不同，雙方有著不同看法，實現中日邦交正常化時，我們雙方約定不涉及這一問題。這次談中日和平友好條約的時候，雙方也約定不涉及這一問題。倒是有些人想在這個問題上挑一些刺，來障礙中日關係的發展。我們認為兩國政府把這個問題避開是比較明智的，這樣的問題放一下不要緊，等十年也沒有關係。我們這一代缺少智慧，談這個問題達不成一致意見，下一代比我們聰明，一定會找到彼此都能接受的方法。[111]

一九七八年，中共外交部主編的《中國外交概覽》，詳列中日間未解決的問題，其中亦無釣魚台列嶼[112]。

二〇一二年四月，日本東京都知事石原慎太郎宣布，將以民間集資購買釣魚台。九月，日本政府以二十億五千萬日元自日人栗原弘行購買釣魚台內三島使其國有化，遂在中、日、台三方間掀起軒然大波。日本外務省於十一月公布有關「尖閣諸島問答」中，又再度引用上述周恩來與鄧小平之談話，但其結論竟是：

111 程翔，〈釣魚台主權不能再擱置下去〉，《亞洲週刊》，第四十二期（二〇一二年十月十四日）。
112 任孝琦，《有愛無悔》，頁一一〇。

一、尖閣群島為日本固有領土，無論從歷史上或國際法上都無庸置疑，而且目前我國對其進行有效統治。尖閣群島主權問題自始即不存在。

二、上述係我國之一貫立場，日中之間曾就尖閣群島達成「擱置」或「維持現狀」之共識並非事實。此點可自已公開之中日洽談建交時首腦會談記錄中查知。因此我國亦曾多次向中國表達此一明確立場。[113]

從以上日本外務省的「問答」內容，它引用周恩來不當之談話並曲解鄧小平之本意，這對大陸與台灣未來爭取釣魚台主權均有不利影響。

作為當年保釣運動之一員，我相信所有保釣同仁，對以上周恩來與鄧小平將釣魚台主權加以擱置不議的作法，是很有意見的。就算擱置不議，也應將中國擁有主權的立場說明清楚。由於沒有說明清楚或隱而不發，結果竟造成被日本政府一再用來支持其擁有釣魚台主權之立場。

所幸，此次由石原與日本政府所掀起的風波，激起中國大陸強烈反彈。隨著大陸八十餘城市反日示威行動後，大陸政府宣布釣魚台海域列為領海，並派船艦巡弋，終於展現保衛釣魚台之決心。中華民國政府亦發表強烈聲明，主張擁有釣魚台列嶼之主權，並派海巡署船艦保護宜蘭漁民前往釣魚台宣示漁權。

113 〈尖閣諸島に関するQ&A〉，日本外務省網站，http://www.mofa.go.jp/mofaj/area/senkaku/qa_1010.html。

八月五日，馬英九總統復提出「東海和平倡議」，主張「主權在我，擱置爭議，和平互惠，共同開發」[114]。鑒於海峽兩岸均採取明快而有力的保釣措施，使我保釣同仁一時士氣大振，共同吁出積壓四十二年之悶氣。

114〈東海和平倡議〉，中華民國外交部網站，http://www.mofa.gov.tw/Official/Home/SubTitle/?opno=89655b24-755d-42d6-ae48-060e0bb4514。

## 十二・保釣左派人士的心路歷程

中國大陸研究馮友蘭的學者蔡仲德，曾針對文化大革命寫過一段感性的話：

> 不反省、不懺悔的民族是沒有希望的。唯有經過深刻的反省與懺悔，我們才能真正告別過去，走向未來。[115]

因此，我願根據我所搜集到有關保釣的資料，來審視一些保釣左派人士在當年的言行以及其後的省思或抉擇。保釣右派人士，在保釣運動中都是被批鬥的人，他們對於國事確也曾放言高論，但他們大多數後來都回台灣服務，實踐了他們的諾言。他們如有言行不一之處，當然也應予檢討。

第一位，何炳棣。一九七四年，何炳棣發表〈從歷史的尺度看新中國的特色與成就〉一文，從五個面向討論新中國，以下為其摘要：

115 蔡仲德，〈第二次校勘後記〉，收入馮友蘭，《三松堂自序》（北京：人民，二〇〇八）。

**第一、人民的真正解放**

文化大革命以來，中國一切法令措施幾無一不以貧下中農和工人的福利為準繩，無一不暗合羅爾思(註：John Rawls，哈佛大學教授，為研究「正義理論」〔Theory of Justice〕之大師)的立法標準。與其他國家和社會比較，新中國的人民生活方式，更接近真正的平等。

**第二、組織能力與思想教育**

從幾十年實貴的實踐經驗之中，把思想教育的方法改得周至美備，因此充分激發了人民和國家的組織能力。新中國思想教育的核心——以人民的意志與努力改造人類社會——既不能說沒有深遠的歷史淵源，又不能不認為是「古為今用」最輝煌的成果之一。

**第三、民族武德的重現**

新中國崇高「武德」的出現，不啻是民族的一服強烈清瀉劑。魯迅先生九泉有知，想也會推開《阿Q正傳》，對著這朝氣勃勃、頂天立地、勤樸武健的新社會拈鬚稱許了！……最後分析起來，「武德」的出現與人民的解放有牢不可分的關係。「武德」不僅是新中國受世界尊敬的主因之一，而且對於中華民族的性格已經起了革命性的滌清作用。

**第四、經濟建設成就舉要**

文化大革命以來的經濟成就，絕不能不歸功於「自力更生」和「兩條腿走路」的基本政策。這兩項政策之成功，靠全民族的精神覺悟，化剩餘勞力為建國資本的集體努力。

## 第五、結論

> 從歷史的尺度看，新中國的革命，尤其是文化大革命，是人類歷史上最徹底的革命……從治史者的觀點，我有勇氣無條件地指出，人類自有史以來，從來沒有比新中國開國的氣魄和規模更加宏遠的了。[116]

這篇文章刊於香港《七十年代》，並一連五期轉載於北京的《參考消息》。二〇〇四年，何炳棣在《讀史閱世六十年》回憶錄裡，對此一大作以及他一九七〇和八〇年代所撰的一系列文章，表示「願意忘掉」：

> 據國內親友函告，此文在國內影響很大（其實在海外影響更大）。我卻願意把它忘掉，因為它雖有史實與感情，但對國內新氣象只看到表面，未能探索新氣象底層真正的動機。同樣願意忘掉的是七〇年代和八〇年代初所撰有關中國資源和經濟前景的一系列文章。[117]

第二位是楊振寧。一九七一年七月，楊振寧訪問大陸四週。回美後，九月，在紐約州立大

116 龔忠武等編，《春雷之後》（壹），頁五九一—六一八。

117 何炳棣，《讀史閱世六十年》（桂林：廣西師範大學，二〇〇九），頁三九三。

學石溪分校發表演講，他認為文革沒有導致「不幸的局面」，竟將之歸功於毛澤東的領導：

> 對中國人來說，他有歷史的根源，有魄力，有威望，於是大部分的中國人便會跟隨他所講的政策走。我個人認為，文化大革命所以不會導致不幸的局面，這也許是最主要的因素。[118]

一九七一年之後到一九七三年，楊振寧又訪問了中國三次。他在一九七三年七月，和一位日本教授對談，日本《讀賣新聞》報導其部分內容。楊振寧說：

> 文革使中國的社會、科學家出現了根本的變革。避開了朝向修正主義的脫逸，願意為在理想主義的原理下出現的真正的中國而貢獻一切。我所會到的中國科學界的人士，每一個都說，「文革是必要的」。文革在過程之中有一部分是過了頭的，要慢慢把它校正過來，大家都認為，文革是中國歷史上最重要的事件。[119]

楊振寧在這段期間，曾赴許多大學演講他對大陸的觀感。由於他具有諾貝爾獎得主的光

---

118 何炳棣等，《留美中國學者訪華觀感集》（香港：七十年代，一九七四），頁五八。

119 同上，頁七〇。

環，對留美學生及學人的影響，恐怕在當年無人能出其右。根據任孝琦的描述：

> 楊振寧把大陸講得天花亂墜，說「中共把蘇州河整治得清澈見底，可以養鯽魚」。事後，李我焱將項武忠當場記的筆記，影印數千份分發。「楊振寧的講話，項武忠的筆記，可以說鐵證如山」[120]，項武忠回憶，那段時間楊振寧周遊各校，極力宣揚新中國，確實使得左傾的人愈來愈多。

十多年後有位記者問楊先生，為什麼當年對中國失察，他回答：「我那時沒有了解文革的真相。」[121]

第三位學者是項武忠，他在安娜堡國是大會上是大會主席之一，時為普林斯頓大學數學系教授。一九八八年六月，他在《中國時報》人間副刊發表〈釣運的片段回憶並寄語青年朋友〉一文，首先檢討當年他及其他左派人士的左傾行為。當年他們都相信毛澤東是「人民導師」，大陸是「人間天堂」。他說：「到今天，我還不能理解我們自稱理性的一群為什麼如此胡塗！」他又說：「在高昂的激情中，我們竟把釣魚台的重要性放大了千萬倍，誰說那兒的藏油

120 任孝琦，《有愛無悔》，頁一〇五。

121 謝泳，《中國現代知識分子的困境》（台北：秀威資訊科技，二〇〇八），頁二一四。

比沙烏地阿拉伯少，誰就挨罵。釣魚台好像是一盞明燈，我們這群遊子則像是飛蛾一樣紛紛向它撲上去。」在這篇文章，他承認他在安娜堡國是大會上教訓沈君山時，自以為與真理同在，他向沈君山表示歉意，認為沈君山提出「革新保台」並以行動回台服務，沈和其同伴「對今天台灣走向開放民主的路有很大貢獻」。他在文中也敘述在一九八〇年初訪大陸所看到的景象：「在北京，晚上想想白天看到的千瘡百孔，心痛得不能成眠。」

項文寫於該年台北「五二〇」農民抗爭事件之後。該事件造成農民與警察一百多人受傷，四百人收押，是繼一九四七年「二二八」事件之後，在台北所發生最嚴重的警民衝突事件。因此，項文的第二個目的是勸告民進黨問政不要過分激越：「如果照目前台灣這種唯激情是尚的街頭運動發展下去，我看不出什麼美好的將來。」他又勸民進黨不要「把一個莊嚴的立法院變成了練武場和鬧劇院」。他在最後結論，則說出他對台灣的期待：

> 總而言之，任何政黨的存在都必須建築在遠大的政見和施政的能力上。讓我們為台灣人民的光明未來祝福。希望台灣早日走上成熟的政黨政治的道路。那麼不但台灣有福了，中國也有福了。[122]

122 項武忠，〈釣運的片段回憶並寄語青年朋友〉，《中國時報》，人間副刊，一九八八年六月二日，第十八版。

余英時教授稱讚項文為「一篇有血有淚的動人文字」[123]。

但兩個月之後，安娜堡會議主要負責人水秉和，在台灣出版的《當代》雜誌上，對於項氏懺悔在保釣中的言行，表示不能接受：「這總令人覺得相當缺乏尊嚴，也缺乏『擇善固執之』的操守。」對於項氏對民進黨的勸告，他更表反對：

依我看來，項教授的經驗只能對他自己證明，他參加釣運是錯的，理由是他認為他錯了。這既不足以說明釣運是錯的，更不能用來說明民進黨或其中某些成員搞的群眾運動是錯的。只要台灣的法律和台灣的群眾能容忍，民進黨人士或工黨人士或國民黨人士都完全可以從事他們願意從事的政治活動，這一切已輪不到美籍華裔學人來干涉或操心了。[124]

二〇〇九年五月，項武忠接受香港《亞洲週刊》專訪，討論他在安娜堡國是大會擔任主席、會中通過中華人民共和國政府是中國唯一合法政府之決議一事，項武忠對此事承認錯誤：

現在想起來，真是一個錯誤……我太相信毛澤東，當年因為越戰的關係，全世界都左傾，

123 同上。
124 龔忠武等編，《春雷之後》（參），頁二三八六—二三八八。

以為中共是人間烏托邦，這是被民族主義沖昏頭腦，很危險。125

以上是三位著名留美學人兼保釣精神領袖的反省，但當年一些保釣左派學生領袖的心路歷程又是如何？

一九七一年，中國大陸進入聯合國。由於大陸代表發言及文件均用中文，聯合國本身並無足夠人員處理中文及其翻譯業務。加上中共時值文革，一時也派不出適當人手，所以，周恩來總理在一九七二年，邀請參與保釣左派人士八十餘人，加入聯合國祕書處之工作。以下六位人士，除王正方以外，均於該年隨同其他人士進入聯合國。

第一位是郭松棻。郭松棻在保釣初期，在《戰報》發表兩篇激烈的文章，已如前述。於一九七四年七月，首次訪問大陸。在一九八三年的小說《姑媽》中有這樣一段描寫：「她聽說我想回來，就說我簡直沖昏了頭了，勸我在外頭能待就待下去，她說裡面的人還巴不得能夠出去呢，她簡直不懂為什麼我倒要巴著進來……『千萬別回來。』……『回來幹什麼呢？』」126

郭松棻原以為大陸是一完美天堂，身歷其境後，他形容自己「幾乎休克」。他述說其中經過：「從北京到廣州，一路質問下來，最後中共官員被迫說出實話：『我們怎麼能跟台灣

125 《亞洲週刊》，二〇〇九年五月十七日專訪。
126 陳萬益編，《郭松棻集》，頁二五三。

比？』他當下決定『這條路不能再走下去了』。」[127]

二〇〇五年他接受台灣作家舞鶴的訪問，談到大陸之行，他回憶說：「原以為是發展得很好的國度，旅行中眼見為實，原來是這樣的落後和無理性。在行政上、制度上，尤其是人的品性上，左派革命並沒有給中國帶來多少改變。」關於他與保釣，他說：「生命中最美好的三十至四十幾歲全用在運動上……現在我沒什麼政治主張，但多少還是個自由派。左翼是很美麗的。如瞿秋白一般的文人不適合搞政治運動。瞿秋白無奈捲入了大時代的潮流，不得不做，最後留下了一篇〈多餘的話〉說出心裡的話。」[128]

郭松棻的妻子李渝，當年在柏克萊大學也參加保釣運動。她跟先生一樣，由於對大陸失望，回紐約後說，不再介入往後保釣的運動，之後在紐約大學教書。一九九六年她在《中國時報》人間副刊，寫了一篇〈保釣和文革〉，透露她跟先生一九七二年到紐約後的心路歷程，有幾段發人省思的評論：

> 因為叛逆，釣運才發動得這麼清新有力，現在轉入統運，不再叛逆，從抗議一個政權轉到依附、擁護一個政權，方向和目標改變，語言改變，對權力的敏感和爭取，尤其是人與人的疑

---

127 任孝琦，《有愛無悔》，頁一一一。

128 〈郭松棻——凝視原鄉的異鄉人〉，《印刻文學生活誌》，第二十三期（二〇〇五年七月），頁四九。

猜鬥批，或者用當時的用語，處理「內部矛盾」，變成運動的重心，取代了其他的關懷。

釣運現出了它和文革的可懼的近似，近似到使人後來可以說，好在是在美國，否則摧殘已經執行，生命已經被毀滅了。

她對釣運做了如下結論：

人的本質如果不改變，運動都是沒用的……也許只有再等待幾代的文化累積，不是政治運動，才能見到中國人的氣質改良吧。所有的人類活動裡，只有一項，藝術，在現世的生活中關心著人性的超性；對一個對政治和人都無知的人，後期保釣經驗提供了深沉的教育，給予了訊息。[129]

個人相信李渝這篇感人的論述，應也代表她先生的想法。

第二位左派大將是劉大任。在我看來，到今天為止，在所有當年左派人士中，他對自己參加保釣的經過、對保釣運動發展以及其中的內鬥、對目前兩岸紛爭所做的評述，最為詳細、深刻、也最誠實。

129 李渝，〈保釣與文革〉，《中國時報》，人間副刊，一九九六年九月九日。

劉大任對中國大陸嚮往的啟蒙人，是一位在夏威夷大學的博士生（劉未透露其姓名）。這位博士生在一九六三年告訴他：「真理在海的那一邊。」可能從此，劉就開始走上他的左傾道路。六〇年代的劉大任即有五四情懷，認同俄國小說家高爾基(M. Gorky)所說的話：「知識分子是拖著國家歷史笨重車子往前跑的唯一的一匹馬。」[130]

保釣運動後，一九七二年，劉大任進入聯合國祕書處工作。一九七四年，他一家三口第一次到中國，帶著取經、朝聖、印證、檢驗的企圖。他說，一到中國，一過羅湖橋，「便地震了」，旅客行李全被打散、檢查，他說：「完全是難民營碰到土匪打劫。」他一共去過廣州、桂林、上海、杭州、蘇州、南京和北京等地，又去了江西南昌探親。中共對於東南亞華僑回國探親所給的待遇，與對像他從紐約前來朝聖所給的待遇，有天壤之別，他為這些華僑大抱不平：

> 一九七四年大陸還沒有對外開放，前往中國旅行的人，主要是東南亞的探親華僑，而且以下層社會的華僑為主。這就是我們看到通關路上給隨意踐踏的那群人，這群人，同我們這批從紐約坐豪華客機前往朝聖的賓客相比，不正是革命所要拯救、解放並以之為靠山的先進勞動階

[130] 劉大任，〈不安的山〉，收入楊澤主編，《七〇年代理想繼續燃燒》（台北：時報文化，一九九四），頁七六；陳燁，〈保釣之後的漂流〉，《中國時報》，人間副刊，一九九三年十一月二十二日，第三十九版。

級兄弟嗎？為什麼他們的待遇與我們相差如此？

他說在上海安排參觀少年宮，看見小孩在下圍棋，棋盤上的黑白子擺法很怪，研究後才發現是唬弄他們這些貴賓的。當一位兩年前志願回國革命的朋友來看他時，他向對方道出內心的疑惑，隨後，他感到一陣噁心就衝進洗手間，吐了一盆污血。他回美後，做了一場報告，報告裡總結他對中國的體會：「我覺得中國的人活得不像人。」這句話得罪很多人，他被戴上修正主義的帽子，為了逃避鬥爭，他向聯合國申請外放非洲，從此慢慢退出保釣活動。[131]

他對這次旅行的結語是：「二十年前這次旅行，是我生命史上的轉折點，對我個人而言，走出神話國回到文學、回到人間，都從這次旅行開始。」[132]他對中國大陸的幻想何時完全破滅？他在一九九〇年說：「這個『新中國』陪伴我走了二十五年。一九七四年回中國一趟消滅了百分之五十，但它的真正粉碎還得等十五年，直等到一九八九年六月四日，在電視上出現坦克車輾過天安門廣場的那一瞬間。」[133]

131 劉大任，〈不安的山〉，頁七三—八三、一四五。

132 劉大任，〈不安的山〉，頁八二；姚嘉為，〈還保釣一個公道——訪劉大任〉，世界新聞網，http://ny.worldjournal.com/view/full_nynews/442681/article-%E9%82%84%E4%BF%9D%E9%87%A3%E4%B8%80%E5%80%8B%E5%85%AC%E9%81%93--%E8%A8%AA%E5%8A%89%E5%A4%A7%E4%BB%BB。

133 劉大任，《我的中國》，頁二六。

一九七六年起，他到肯亞的聯合國環境規劃署待了兩年，逐漸回歸文學。一九七七年他再次訪問大陸，對大陸更加失望，他開始認同台灣，他說：「看過大陸後，我徹底而真誠地面對自己，認同了那個九歲到二十七歲生活了十八年的台灣，是我永遠、真正的故鄉。」[134]

此後，劉大任對大陸民主運動開始關心。在我能找到的資料裡，劉大任第一次公開站出來支持大陸民主運動是一九七九年。一九七八年十二月，魏京生在北京西單民主牆貼出了「第五個現代化」大字報，認為自由民主比改善生活的四個現代化（工業、農業、國防、科學技術）更重要，他要求對毛澤東的個人獨裁反省。一九七九年三月，魏京生再度張貼另一個號外「要民主還是要新的獨裁」，因批評鄧小平獨裁而被捕。這件事激怒了劉大任，五月一日，他在紐約出版的《新土》雜誌為文表示：

它（民主）終究要發芽茁壯，在中國的土地上開花結果。而那些貌似強大的反民主暴力集團，終將受歷史的裁判。秦始皇時代已經一去不復返了。這是中國土生土長的新生代的心聲，是埋葬在無數人心裡的宣戰書，當這一股力量全面爆發的時候，暴力集團大小衙門裡行走的無

134 劉大任，《神話的破滅》（台北：皇冠，一九九二），頁一五八。

恥政客、黨棍、文痞和軍閥們，你們發抖吧！[135]

一九八九年六四天安門事件後，七月六日，由劉大任領銜與八十位旅美作家、藝術家，提出緊急呼籲：

毛澤東先生說過，人不是韭菜，頭殺掉了就長不回來。我們衷心希望中國政府的領導人，不要因眼前的政治需要而造成整個民族無可彌補的損失，在歷史上留下洗刷不去的惡名。

這群人包括保釣左派重要人物，如王浩、花俊雄、夏沛然、郭松棻、李渝等人，他們隨即成立了支援民運的新型團體——「中國人團結會」[136]。

十二月，劉大任公開檢討保釣運動，反省參與其事者的缺失。他認為在運動中間出現對中國認識的嚴重偏差，主事者不能辭其咎。他說：「保釣運動期間，愛國主義籠罩一切，對民主精神與民主原則，幾乎視若無物。這似乎可以象徵性地說明，中國知識分子可以為了愛國的需要、隨時犧牲民主的典型心態。」[137]劉大任對於保釣運動提早結束，認為是當時左派言行太過急

135 劉大任，《走出神話國》（台北：皇冠，一九九七），頁一七九—一八二。
136 劉大任，《神話的破滅》，頁一一二—一一三。
137 同上，頁一一二。

躁。他認為國是大會第五條決議「承認中華人民共和國為代表中國人民的唯一合法政府」，造成左右派正式分裂。但是，他推想，正因這一條決議，毛主席才會看《戰報》、周恩來才會邀李我焱等人訪問大陸。劉說：「現在回想起來，這一連串變化相當不幸，從此陷入現實政治泥淖而不能自拔，夭折了一個原應成長壯大的政治力量。」[138]

一九九二年，劉大任出版《神話的破滅》，對於大陸民主運動及台灣獨立運動，他都希望採取和平而非暴力的手段：

> 總之，不論哪一種思想，我們已不再需要神話。未來的國究竟該是什麼國？我只知道，絕不允許再出現毛澤東式的語錄國、鄧小平的老人國或者蔣介石的父子國。至於最終出現一個聯邦國或十個獨立國的問題，我的意見有點像《亂世佳人》裡面白瑞德離開郝思嘉以前說的最後一句台詞："Frankly, my dear, I don't give a damn!"（作者註：坦白說，我親愛的，這干我屁事！）我們只要求這個過程和平、理性、非暴力。[139]

劉大任此時已不再相信政治的「神話」或是烏托邦，他引用法國政治思想家托克維爾

138 劉大任，《我的中國》，頁七四。

139 劉大任，《神話的破滅》，頁一一三。

(Alexis de Tocqueville)的話，來表達他的想法：「錯在我們對一種烏托邦式的均衡境界的徒勞無功的追求。這種境界，如果真的實現，才更為可怕。」[140]

一九九七年，他出版《走出神話國》，內中指出，從一八四一年鴉片戰爭開始，中國人民把自己的一切交給了「先知先覺」；這些先知先覺「創造了一個神話國，這是一個黨國機器無限膨脹、政治權力高度集中的國度」。他又說：

> 作為個人的中國人，在這個荒謬結構中，像浮士德一樣，把自己的靈魂賣給了魔鬼。走出神話國就是要解放這個荒謬結構，把自己的靈魂找回來，把原應屬於自己的命運重新掌握在自己手裡。[141]

二〇〇四年，他對於統獨問題也發表看法：「『統獨思維』的最大矛盾是，它既推不出統，也推不出獨，更推不出繁榮與和平。『統獨思維』刺激的是野心與仇恨，而野心與仇恨，歷史明鑒，只能帶來毀滅！」[142]

二〇〇九年，他接受訪問，談到他參加保釣運動以及多年寫作的心情。他透露他很想寫一

---

140 同上，頁七。
141 劉大任，《走出神話國》，頁二三四。
142 劉大任，《冬之物語》（台北：印刻，二〇〇四），頁一九四。

部批評釣運的小說：「但由於顧慮到許多當事人還在，就放下了。」他說他參加保釣後，他最深的體會是：

> 知識分子參與群眾運動後，很多人心的醜惡面會顯露出來，知識分子自認比別人聰明，對權力特別敏感、貪心，想抓權，很多小動作跑出來。群眾運動後來產生很大的弊病，跟人性本身有關。[143]

他這種體會和前述李渝女士的感喟非常雷同。

細述以上劉先生對釣運所做之省思以及其所展現之風骨，我要向他脫帽致敬。

第三位是王正方，美國賓州大學電機系博士，是美國費城保釣會重要成員。四月十日華府大遊行，他是遊行大會的主要演講人之一。一九七一年九月到十一月底，王正方與其他四位保釣學生領袖赴中國訪問八週。翌年五月在香港與王春生合著《台灣留美學生在中國大陸的見聞》，在書中序言描寫新中國同胞的輝煌成就：

> 二十餘年來，他們由最困苦的環境中創造出自己的命運來，自力更生，艱苦奮鬥，開闢出

143 姚嘉為，〈還保釣一個公道——訪劉大任〉。

> 一個嶄新富庶而繁榮的新社會，一個社會主義的新國家，一個朝著理想邁進的國家，一個光輝燦爛的人間。[144]

在大陸觀察用針刺麻醉和針灸治聾啞以及赤腳醫生，他倆感動地說：「這不禁使我想起在祖國常見的格言：『立下愚公移山志，敢教日月換新天』。就憑了這個精神，鐵樹也能開花，啞巴也能說話！」他倆在書末，以〈不落的太陽〉一章，盛讚毛澤東偉大的願望與心胸：

> 他（毛）希望全國每一個人都會運用唯物辯證法，要讓馬列主義的哲學思想變成人民手中尖銳的武器，到時候全國七億人民是七億個馬列主義者，七億個有哲學思想、有分析能力、有判斷能力的人，也是七億個堯舜，生活在共產主義的理想社會裡，這是多麼深長的遠見，多麼偉大的心胸啊！

他倆在全書的結語是：

---

144 王春生、王正方，《台灣留學生在中國大陸的見聞》（香港：文教，一九七二），頁四－五。

如果用一句話來說我們這一次回國的感想，我要說的是：「毛澤東思想是不落的太陽！」[145]

一九八五年，王正方在紐約跟當年參加保釣的人士出席「台灣與世界座談會」，他對於一九七一年九月安娜堡會議奉到中共指示通過五項決議一事，覺得做了中共的政治工具，他有點憤慨地說：

國民黨玩政治，共產黨也玩政治，我們就無所適從。運動就這麼過去了。我覺得很遺憾，一個很好的用意到了最後實際現實社會中，就像國民黨所說的「做了別人的政治工具」。對我們來說沒有什麼損失，他們想把我們當工具來玩來耍，不過他們也沒達到什麼目的。[146]

二〇〇五年，對於大陸沒有為釣魚台採取任何作為，他表示不滿。他尤其不滿一九七二年十月中日建交時，周恩來總理對田中的談話（請見前述）。他指出，周總理當年的話或許是因為急於和日本修好，未加深思熟慮，但「說出此等言語實在很欠考量，不妥當」。他又敘述，同年十一月周總理接見美國華僑代表團時表示：

145 同上，頁一九九。
146 龔忠武等編，《春雷之後》（參），頁二四四五。

中國政府的一貫外交政策是：邦交問題在先，領土主權問題在後，待建立邦交彼此有較深了解，然後各自收集準備好資料再正式談，問題要容易解決得多。[147]

王在文中批評說，中日建交已超過三十年，難道有關資料還沒準備好嗎？為什麼幾十年了，沒見到任何動靜？王又引述鄧小平說過的話：「釣魚台問題留給後代子孫去解決。」他在文章最後說：

中國已經和從前不一樣，難道強國也無外交嗎？一任釣魚台納入別國領土範圍之內？「外抗強權，內除國賊」本是民國初年五四運動的口號，八十多年後如果還派得上用場，誠然是中國人的悲哀。[148]

這時候，他似乎要把「國賊」的帽子送給中國大陸了。

第四位，李我焱，他是一九七一年九月五位保釣人士訪問大陸之團長，極富領導群眾運動能力，所以出任一九七一年四月十日保釣示威大遊行之總指揮。他認為中國的革命因為美國插

147 龔忠武等編，《春雷之後》（壹），頁四五—四八。
148 同上。

手而無法完成的部分，現在可藉保釣運動使其啟動轉折[149]。

九月，他和四位保釣左派學生領袖赴大陸訪問，回來後，認為大陸景象一片大好，竟說出「他在中國只看見兩隻蒼蠅，一隻被他打死了」的話來[150]。

一九七二年，參加聯合國祕書處工作，據劉大任說，因為鋒頭太健，遭受祕書處內部華人極左派人士之圍剿。一九七四年，他向聯合國自動請纓，前往非洲肯亞工作。劉大任亦因同樣原因前往肯亞，兩人關係更為緊密。當年保釣初期，李我焱家裡天天開會，人人抽煙，長子之感冒轉成惡性氣喘，最後命喪非洲，是李我焱畢生之痛。

一九九〇年，他接受《中國時報》專訪，這時他擔任聯合國環境科技局局長，對保釣運動做了些反省和評論。首先他承認保釣的目標算是失敗了，他對一九七八年中國和日本簽定和約時，將此問題置之不談，沒有力爭，表示感慨。談到當年到大陸訪問，他說行程都是大陸有意安排的。他後來回去十幾趟，當然了解大陸生活的真相。對於當年他主張的民族主義與統一，他現在已有了「昨非今是」的轉變：

> 釣運是出發於民族主義，但這並不表示，一個民族就要一個國家。講統獨，最終的目標還

149 《壹週刊》，第三七二期（台北，二〇〇八年七月）。
150 龔忠武等編，《春雷之後》（參），頁二四四七。

> 是人民的福利、民主；台灣的人民生活水平高，享受程度較大的自由，硬要統一，他們絕不會心甘情願的。現在中國的情況很糟，換誰做領導人都很難治理，在這樣情形下，是不是堅持一定要統一？我這些年的想法，也逐漸與以前不同。[151]

第五位，水秉和。如前所述，他是安娜堡大會主要籌劃人之一。一九七六到二〇〇二年，在聯合國祕書處服務。一九八六年，保釣十五年後，他寫了〈保釣的歷史回顧〉長文，他引用女猶太哲學家阿蘭特（Hannah Arendt）的「公共空間」（public space）說法，認為保釣運動最大的貢獻，是為中國知識分子創造了一個關心國事的「公共空間」。阿蘭特在《過去與將來之間》（*Between Past and Future*）一書中，描寫二次大戰期間法國被德國占領後，一些從不參與政治的文化人，加入地下反抗組織。阿蘭特說，他們參加反抗運動後得到了「寶藏」（treasure），因為在反抗運動中找到了自我，他們是有生以來第一次體驗到自由，他們在他們自己之間創造了一塊公共空間。從此一引述，水秉和認為，一九七一年九月的安娜堡國是大會，即係該「寶藏」之一景：

> 在那年九月初的國是大會期間，我親眼目睹，數百人從早到晚，在大會堂裡，在會堂外的

---

151 郭崇倫，〈保釣只為保社稷，愛國反成叛國賊〉，《中國時報》，一九九〇年五月十三日。

草地上，和在野營區的臥房裡，無休止地討論中國的前途。我也親眼見到，台獨運動的發言人在統運人士召集的大會堂裡陳述他的理想，不但他的人身安全沒有受到威脅，並且演講也獲得禮貌的掌聲。這是一幅奇景，這就是阿蘭特所指的「寶藏」。

他對保釣的結論是：「釣運是中國高級知識分子在美國現有的民主架構中進行的一次民主演習。」

也許他怕對保釣運動有過分讚譽之虞，在一九八八年，也承認保釣有兩項缺憾：一、保釣左派人士對大陸文革的實情缺乏了解；二、「它的成員普遍缺乏民主的政治素養，而這也相當準確地反映了那一代中國人的現實。」[152]

一九九五年，花子虛（筆名）對於水秉和的「公共空間」說法，在香港《九十年代》雜誌上加以批評，認為此一空間「其實並不寬敞」。他指出安娜堡國是大會第一天，即有近三十名支持台灣的留學生集體退出大會，其原因是「主持會議的釣運人士關掉麥克風的電源，制止他們發言」[153]。水秉和對此批評加以反駁：

152 水秉和，〈保釣的歷史回顧〉，《當代》，第二期（一九八六年六月一日），頁七〇—七二。

153 花子虛，〈豈如春夢了無痕？——釣運與統運的另一面〉，《九十年代》，第三〇四期（一九九五年五月），頁八九。

國是大會為「國府」、「共府」、「台獨」和「第三中國」(早年大陸上的中國農民黨的一些人，以謝扶雅為領袖)的代表都保留了一小時在台上發言的時間，結果台獨代表、第三中國代表都發了言。國共兩方都拒絕派代表發言。即使如此，大會仍然創造了一個中國人前所未有的言論範圍寬廣的「公共空間」。我至今認為，這是非常難得的。[154]

我當年也在場參加會議，由於受到發言的箝制，憤而退出會場。對於水秉和所說大會保留一小時給各方立場人士發言一事，他所指的應是在會前邀請台灣駐美大使沈劍虹以及中國駐加拿大大使黃華與會，兩人確實未前往參加。但是對於在會場支持台灣的留學生，則極為歧視，每人發言以二分鐘為限。尤其重要的是，大會各場討論會，從主席到主講人，除了代表台獨的羅福全以及代表所謂「第三中國」的一人以外，清一色都是左傾學人或留學生。至於在會場支持台灣留學生，因為發言不符合大會左傾立場，竟還遭受言詞之斥責，人身之羞辱，已如前述。所以，水秉和所謂「大會仍然創造一個中國人前所未有的言論範圍寬廣的『公共空間』」的說法，我完全不能同意，因為它不是事實，此在前述由退會留學生所出版之《安那(娜)堡國是大會評論特刊》中，可以清楚看出大會打壓右派學生的許多例子。至於水秉和說這是「一次民主演習」，個人只能說，他的「民主」，大概是指共產國家「民主集中制」下的「民主」。

154 水秉和，〈釣運與「六四」〉，《九十年代》，第三〇五期(一九九五年六月)，頁一〇八。

就以沈君山教授在大會所得到的待遇，亦可見大會不民主之一斑。沈在其《尋津集》一書中指出，為了想在大會最後議程「如何改變台灣」發表一篇講稿，趕了個通宵，結果議程更改，連這篇講稿也無法提出[155]。

我在此很痛心，但也很誠懇地指出，水秉和所指的「公共空間」或「寶藏」說法，只存在左派留學生之間，不存在和其有不同意識型態的留學生之間。我個人認為我們都要尊重歷史，尊重事實，尊重其他參與會議人士之人權或感受，因為他們也是「人民」，應有講話的權利。

最後一位是龔忠武先生，畢業於台大歷史研究所。他是波士頓地區的保釣左派大將，後獲哈佛大學歷史學博士，在所有保釣左派學生中，他對中國近代史以及中共革命運動的研究，按理說，應是無人可及，但他的觀點又為何？

二〇〇五年八月，龔忠武在〈哈佛的激情歲月〉一篇長文中，回憶一九七〇到七五年的保釣歲月。他回憶那四個年頭參加各種的保釣活動，以及和幾位美國朋友合寫了《中國的不斷革命》（*China's Uninterrupted Revolution*）一書。在書中，他寫了長達一百頁的專章〈近代中國歷史上的文化革命〉，從鴉片戰爭一直討論到一九六九年。他用階級分析觀點和韋伯（Max Weber）的理性分析法，來說明毛澤東利用中國廣大農村和沿海城市中無數貧困農民和工人進行革命，這些人成為毛澤東無窮無盡的人力來源。

155 沈君山，《尋津集》，頁一三。

他在這篇長文中自白地說：「過去學的是傳統儒家和自由主義的那套本領，結果始終把不出近代中國社會的脈動，自從通過了毛澤東思想——遺憾的是未能等到通過鄧小平理論——接受了馬克思主義的階級分析之後，我開始觸摸到中國社會的脈動了。」他說他和友人所寫全書的目的是：「左批蘇聯以革命止統自居的修正主義，右批發展中國家建設的唯西方馬首是瞻的『現代化理論』，然後以文革時的毛澤東思想為依據，建造一套嶄新的發展中國家現代化進程必須遵守的群眾路線理論，文革就是毛的這種模式理論建構和具體實踐。」後來由於文化大革命，在一九七六年毛澤東辭世後，被批評得一無是處，他和同學所寫的專書成了不受歡迎的「黑材料」。他很痛心地說：「我花了這麼多心血才打造出來的新爐灶被砸得粉碎。這個教訓實在太慘痛了！也實在太令人失望了。」[156]他所說的「新爐灶」，是「文革就是毛的這種模式理論建構和具體實踐」，既然文革被證明是一大錯誤，那他的「新爐灶被砸得粉碎」，恐也是無可奈何之事。

二〇〇九年五月，在台灣清華大學舉辦「一九七〇年代保釣運動文獻編印與解讀」的國際論壇上，龔先生發表了〈一個老保釣對保釣運動之解讀〉報告。龔先生對當年保釣統運的刊物提出了一個看法：

156 龔忠武等編，《春雷之後》（壹），頁六四二—六五八。

保釣統運刊物，儘管數量龐大，內容龐雜矛盾，但是最後分析起來，我以為集合傳達或反映了一個最重要的時代訊息：就是大和解，國際的大和解、兩岸的大和解、中國人的大和解；當然，我的重點是兩岸的大和解……我講的大和解是辯證意義的合解，是指兩個對立面的較量，你中有我，我中有你，然後再合二為一的和解。

他又說：

釣運同學經歷了覺醒、反思、批判、認同、回歸的心路歷程；具體而言，就是消極方面，消除了反毛恐共仇共的心結；積極方面，認同中華人民共和國，接受社會主義的中國，回歸中國歷史的主流，思想上徹底的與大陸和解了，清除了回歸的心理思想障礙迷思。157

對龔先生這篇論文，作為一位學歷史又是經歷過釣運的當事人，我必須提出不同的看法。第一、保釣運動中所出版的刊物，絕無龔氏所謂「兩岸的大和解」或「中國人的大和解」的訊息。左派刊物是一方面把蔣中正以及台灣政府、社會、經濟、教育、文化、甚至人民批評得體無完膚；二方面則是堅持要中共統一台灣。統運刊物中絕無任何「兩岸大和解」的訊息或

157 謝小芩等編，《啟蒙・狂飆・反思》，頁一一六—一一三。

內容。

第二、這些刊物確實消除了釣運左派同學反毛、恐共、仇共的心結，又使他們認同了中華人民共和國，這是事實。但這只是釣運左派同學和中共之間的「大和解」，並不包括釣運中的其他同學在內。另外，左派同學當年對右派同學或加斥責、或加侮辱，全無和解之意圖與事實。

第三、「兩岸大和解」是一九八〇年代以後，由兩岸領袖共同努力所締造，這與他所謂的老保釣左派人士毫無關係。保釣運動中的左派人士，在當年完全認同文化大革命，支持四人幫，更擁護毛澤東。在一九七〇年代，中共對台政策是統一台灣，哪有兩岸和解的願望和政策？一九七八年，鄧小平推動改革開放政策，大陸開始進步，尤其在經濟方面，帶來極為驚人的成果，兩岸貿易急速成長，這是兩岸和解的一個基礎。一九八七年，蔣經國總統決定解除戒嚴，開放老兵探親，然後台商開始走入大陸，這才真正打開了兩岸交流的大門。二〇〇五年，國民黨主席連戰訪問大陸，國共兩黨和解，以迄馬英九總統上台。連、馬和胡錦濤共同締造了兩岸的和平架構，這些發展才是兩岸大和解的主要原因。

坦白說，當年許多保釣右派學生之所以走上堅決反共之路，除基於自身的理念與良知外，也是因為在運動中，深受左派同學之「文攻武嚇」。若是這些左派同學能顧全保釣只是一個單純的愛國運動，而不使之變成唾棄台灣、擁戴大陸之工具，同學之間的情誼得以維持，則在日後，大家更可為兩岸和解而努力。龔先生自我解釋其所謂「和解」，是「辯證意義的和解」，在我看來，這不是辯證式的，而是不符合事實的說法。

以上，我們檢視了保釣左派陣營中，三位學人及六位學生的言行以及其事後的反思。但是他們當年都是頭角崢嶸之士，至於一般的左派學生，其事後心境的轉折翻騰又是如何？

李雅明（台大物理系畢業，美國馬里蘭大學博士，新竹清華大學教授），在保釣運動中極為活躍。他參加過左右兩派許多活動，也與左右兩派許多人士熟稔，自認是「自由派」。他在一九八六年出版一部小說《惑》，他說他這本小說「寫的就是這十幾年（一九七〇—一九八一）間留美學子迷惑、憤怒、反省的一些過程」。

書中一位人物章宏，在保釣運動中思想強烈親共，後來進入聯合國工作。作者引用章宏的一些談話，說出在聯合國擔任翻譯工作的保釣人士的情況與心境：

——「在聯合國，工作很輕鬆，薪水也不錯，又是個鐵飯碗，出來到哪兒去找這麼一份好差事？」

——「工作倒是很輕鬆，只是……離當年的理想太遠了。」

——「要不是有天安門（作者註：此指一九七六年四月北京市民追悼周恩來逝世引發之鎮壓事件）、四人幫這回事，可能我們到今天還被蒙在鼓裡……我在聯合國的那些同事，原來都是左派健將的，現在一個個都不講話了。」

作者又引用章宏的話，來說明一些左派人士，在四人幫事件三年後，對大陸局勢的看法，以及他們對當年參加保釣的感慨：

> 國家的局面雖然比前幾年有些進步，可是還是這麼樣悶雷不雨的，令人覺得不暢快，我想主要還是一個制度的問題，恐怕不是一下子就能解決的。回來以後聽到魏京生被判十五年，中國人不知道什麼時候才能夠自由講話？比起文革時候死掉的人，他算是幸運的了。在魏京生、李一哲這些人的文字裡，我還看到一點希望，至少中國青年人的心還沒有完全死掉。不保持一點希望又怎麼行呢？人總要靠點希望活下去。
>
> 像我們這樣的人，真是曾經滄海難為水了，回首前塵，假如時光能夠倒流十年，也許有些事情我們會做得不一樣一點，至少我想我們態度會比較客觀，不要那麼一廂情願，我也許應該把書念完。但是，其他的我也不後悔，後悔也沒用。[158]

張系國的《昨日之怒》、李雅明的《惑》以及劉大任許多討論保釣運動的著作，是一九七〇年代保釣運動在「喧嘩與憤怒」(sound and fury)消失後，非常珍貴的文學以及歷史遺產。

158 李雅明，《惑》（台北：中央日報，一九八六），頁一七九—二〇〇；如前所述，陳映真亦曾指出保釣左派人士在四人幫事件後的挫敗感。

## 十三・回歸中國大陸的保釣人士

保釣運動後，左右派同學事後的歸向，也引起我的好奇，並做了一些研究。左派人士最早回到中國大陸服務的大概是牟永寧。他是台大化工系畢業生，一九七〇年在伊利諾州理工學院得到化工碩士。一九七一年秋，他在保釣運動尚在高潮時投奔大陸，在武漢大學任教並兼任湖北省政協常委與人大常委多年。他在大陸一住二十年並結婚生子，一九九二年離開大陸返回美國。二〇〇六年，他和台大化工系同學李美枝(現任政治大學心理系教授)合著《東方欲曉》(註：四字取自毛澤東句子：「東方欲曉，莫道君行早，踏遍青山人未老，風景這邊獨好」)。書中也談到七〇年代跟他同時回國的郭子加和魯永榮夫婦，這對夫婦都是台大畢業生，到大陸前已獲得博士學位並且任教過十年。回國一年多，他們對大陸的情況和生活非常失望。離開大陸時，他們對牟永寧說：「我們(回國工作)是自作多情。」後來四人幫倒台，這對夫婦從澳大利亞捎了封信給他說：「天佑中華。」

在這本書中，李美枝教授說，一九七〇年代，他們同班同學沒有人想去、願去、敢去大陸，現在很多人去大陸發展第二春，牟永寧反而出來了。她說：「大陸政策再怎麼改頭換面，似乎也挽回不了永寧對『具有中國特色的社會主義』的信心。」[159]

159 牟永寧、李美枝，《東方欲曉》(台北：桂冠，二〇〇六)，頁一八、一五〇—一五二、二三一—二三六。

我在這本書中，赫然發現了芝大同學張子賢的行蹤。當年我和他在芝大，一右一左，常為解讀大陸事務而辯得面紅耳赤。有一次兩人激辯至凌晨二時，竟在校園洛克菲勒大教堂前擊掌發誓，將來我回台灣，他返大陸，絕不留在「美帝」國土生活。子賢兄，信人也，書中透露他在芝大取得物理學博士後，於一九七二年從歐洲返回大陸，被分配到北京的中國科學院高能物理研究所工作。牟先生每次到北京都跟他見面，張子賢告訴他說，北京中央級單位播放進口電影，他有時被請做即席翻譯；另外，大陸國慶時，中山公園裡有些電動遊戲的裝置，也是他研究所的同事所做。牟永寧很感慨地說：「真是大材小用啊。」張子賢大約八〇年初期就走了，但是沒人知道他的去處。大家對張的評語是，為人誠懇，不會用兩套是非標準看事物，大家很懷念他[160]。我試想：以他當年對大陸的那種赤子之心，竟然在大陸服務十年後就離開，應該是傷心人別有懷抱，因此我自責當年不應該和他發誓。保釣運動期間，留學生左右派都在比賽誰最愛中國，我對他能實踐諾言，衷心敬佩。我希望他能寫一本敘述他從擁抱中共到離開大陸的心路歷程的書，相信一定會很感人並發人深省。

根據吳國禎（台灣清華大學畢業，獲得美國奧克拉荷馬大學博士，現任教於北京清華大學物理系）所著《在歷史面前》（二〇〇二年出版）透露，當他在一九七七年回大陸時，回到大陸的

160 同上，頁一五五—一五六。

台灣留美學生人數不出十個[161]。另根據林盛中(台大畢業，獲美國布朗大學博士，曾擔任中國地質科學院研究員一職，已去世)透露，一九七八至一九八〇年到大陸定居的台灣學者專家有一百多人(作者註：但他未說明他們之中有多少人參加過保釣運動)。他們在一九八一年成立台灣同學會，他出任會長。該會成員均是在台灣生長，受教育直到大學畢業，或出國留學後到大陸定居，或直接從台灣到大陸長住。他說，台灣同學會會員在政界、學界知名人士中，有中共中央候補委員一名、全國政協常委三名、全國人大代表九名、全國政協委員十六名、中國社會科學院院士四名、中國工程院院士一名，一共僅三十餘名[162]。從這些名單看來，似乎沒有一位進入政府擔任重要職務，何以如此？

根據張東才先生(為美國南部地區釣運重要人士，現任香港科技大學生物系教授)的分析，釣運左派基本的問題是在歷史上站錯了邊。當文革四人幫一倒，鄧小平上台，這些左派人士對他們支持文革及擁毛已無法自圓其說，因此大多數變得消沉，或是覺得走錯了路，或是認為被騙。他們在美國、大陸與台灣幾乎都沒有政治舞台，回到大陸後，只能在其專業領域工作。張東才對這些回國的學人表示欽佩，因為他們不計待遇和職位，為了建設祖國的理想而獻身[163]。我

161 吳國禎，《在歷史面前》(台北：海峽學術，二〇〇二)，頁四。

162 見謝小芩等編，《啟蒙．狂飆．反思》，頁二四〇—二四九。

163 張東才，〈參與保釣的歷史機緣〉，春雷系列編輯委員會，《崢嶸歲月，壯志未酬》(上冊)(台北：海峽學術，二〇一〇)，頁五三二—五四〇。

個人同意張教授的看法，這些人愛祖國心口如一，相對那些當年左喊毛澤東是偉大舵手，右喊中華人民共和國萬歲，但自己卻一直蝸居美國的左派保釣人士，這些回大陸的保釣人士，其情操何其高貴。

## 十四・回歸台灣的保釣人士

那麼，釣運期間被稱為右派的學人和學生，他們有沒有回到他們所擁護的中華民國？根據台灣行政院青年輔導就業委員會的統計，如以一九七一年為分水嶺，在這之前每年返國人數約兩百人上下，一九七一年留美回國學人為一百九十七人，一九七二年增為三百六十七人，以後每年均維持三至四百人左右。一九七九年一月，美國跟中華民國斷交，當年回國人數為三百五十九人，一九八〇年為四百五十五人，一九八一年為七百三十六人[164]。在這十一年間，台灣學生留美人數成長約二倍，但回國人數則成長三倍。所以，無論是一九七一年中華民國退出聯合國、同年之保釣運動，或一九七九年美國和大陸建交，台灣留美學生回國人數的整體曲線是上升的，足見這些發展並沒有減低他們對台灣的認同與回歸。

一九七八年，愛盟成立「台北市反共愛國聯盟回國盟員聯誼會」（簡稱「愛盟聯誼會」），在美參加愛盟大會的五百六十八人中，就有一百多人參加，證明當年參加愛盟的人，至少有四分之一已回國服務[165]。一九九〇年五月，聯誼會部分成員，為了因應民進黨勢力崛起，以及反

---

164 行政院青年輔導委員會，〈民國六十八至八十三年出國留學生人數與返國服務人數、國內碩士班畢業生統計表〉。

165 任孝琦，《有愛無悔》，頁一七八。

對李登輝總統對民進黨的包容，成立「中華民國反共愛國聯盟」(簡稱「愛盟」)，登記為政治團體。根據「愛盟聯誼會」及「愛盟」會員名錄，扣除重複參加，共有五百六十二人。任孝琦女士曾做一調查顯示，這些人近半數(四五・八%)在學術界和相關研究機構服務；四分之一以上(二六・七%)進入企業界和專業領域；從政不到一成四(一三・七%)，其中三・九%是政務官、六・六%是司處局長以上職等、二・二%是中央民意代表[166]。

這些數據說明了兩件事實。第一、在美國參加愛盟的成員回台服務比例，遠比保釣左派成員回大陸服務為高。第二、絕大多數愛盟同學都從事與政治無關的行業，只有一三・七%從政，可見左派所稱這些愛盟分子當年參加愛盟是想回國「做官」的指控，與事實不符。這些愛盟分子回國後之所以事業有成，並非只靠「政治正確」(因為在台灣「政治正確」人士比比皆是)，最主要的原因是他們大都學有專精，且多獲博士學位；另外，他們都出身台灣，各方面關係仍在，謀事成事較易，不像台灣留美學生前往大陸者，人地生疏，除非特別拔擢，很難進入高層。

在回歸台灣人士中，從保釣的角度而言，林孝信先生頗值一提。他是我當年在芝加哥大學的同學，我在歷史系，他在物理系。他可說是運動的苦行僧，為了釣運，他放棄了博士學位，全身投入釣運，並因立場與政府相左而被吊銷護照，直到一九八八年，政府因為解嚴，他始能

166 同上，頁二一四—二一五。

回到台灣。多年來，他除投身社區教育外，即繼續獻身保釣運動。近年來，他承擔起在社會與學校內推動保釣的教育工作。在所有保釣人士中，他四十年如一日，無人出其右，令人敬佩。他目前在台灣世新大學擔任講座教授。

# 十五・前往香港服務之保釣人士

討論參加保釣運動人士日後之動向，不應只討論左右兩派人士回歸大陸或台灣，其實還有一些保釣人士日後選擇前往香港服務。這第三派人士的選擇，也是基於對中國人民及其土地之感情，而這份感情的激發，或多或少源於保釣運動。

這樣的人士中，我最敬佩的是前香港科技大學校長吳家瑋。他在保釣運動發起時，正在芝加哥近郊名校西北大學物理系任教。據他說，他參與保釣運動的程度不深：

> 我這個來自香港、在美國長大的人，在這場自發的青年運動裡沾了一點兒邊。可是對某些過激的、會加深民族仇恨的口號和行動，則很有些保留，因此沒有深入參與。

他在一九七〇年代回到大陸數次，並為中美學術交流工作盡心盡力，曾任楊振寧成立的「全美華人協會」總會會長。一九八三年，出任美國加州舊金山州立大學校長，是美國有史以來，第一位華裔大學校長。一九八七年，香港科技大學籌備董事會投票邀請他出任首任校長，其薪水較舊金山州立大學校長為低。為了是否去香港，他和夫人有如下的對話：

吳夫人：你大半輩子做的都是與華人和中國有關的事。這次最有意義的機會和挑戰放在面前，假如不去，二十年後會不後悔？

吳校長：我想會。

吳夫人：那就走吧！

一九八七年，是香港回歸中國前十年，所以他說，他是「在別人爭相離開香港的時候，我們落葉歸根，丟下三個大孩子（留在美國），牽著七歲的么女，回到即將回歸祖國的香港」[167]。香港科技大學在一九九一年開學，現在已成為一個綜合性研究型大學，全部學生約一萬人。根據英國QS留學諮詢公司二〇一二年的評鑑，名列亞洲大學第一名（台大為二十名），世界最佳大學第四十名（台大為八十七名）。根據《美國新聞與世界報導》二〇一一年之評估，其結果亦相同。

吳校長即任後，開始多次到北美聘請名師。他形容當時華人學術圈對回中國教書的情況：

> 當時的局面下，對落後的祖國（包括大陸和台港）感興趣的，一百人裡不超過二十個。二十人中，回來走動的不超過十個，願意住一段時間的不超過五個。會考慮落葉歸根的，約有二至

167 吳家瑋，《同創香港科技大學》（香港：商務，二〇〇六），頁三六、五九。

> 三人。最後能夠讓科大請到的，大概就這麼一位。[168]

在聘人的過程中，參加保釣運動的所謂「老保釣」發揮了關鍵性的作用。他形容到了波士頓，「老保釣」謝定裕（台大數學系畢業，加州理工學院博士，美國布朗大學教授）約集該地區哈佛大學、麻省理工學院等校優秀學人，與吳校長及副校長錢致榕見面。在加州，則由另一批「老保釣」為他約集加州一帶著名華裔學者。吳校長解釋他為何能夠聘請到許多「老保釣」到科技大學教書：

> 七十年代，不少「保釣」人物訪問大陸、了解情況。正當文革，一些人以赤子之心看大陸，一廂情願地相信了當時風行的假象，一部分還毅然放棄留學生涯，「投身革命」。大部分「老保釣」雖然在某些方面深受感動，卻已看出問題和矛盾；回來後就不聲不響，繼續做他們的學問。後來好些在名校裡當上了教授，在學術界獲得了成就和地位。這群人對祖國的發展卻一直關懷備至；當科大這個機會出現時，部分抱著一腔熱情回來參與創校。[169]

168 同上，頁一一三。
169 同上，頁一〇八。

他也形容他如何以建立中國的麻省理工學院為目標、來號召學人投效科技大學：

> 我的目標是十年以後能達到里海（作者註：Lehigh University，在美國賓州）的標準，三十年後達到卡內基梅隆（Carnegie Mellon University）的水平，六十年後成為另一個麻省理工學院。能做到這一步，就很不錯了。十幾年後，我已不在這裡了，人們看看這個學校，或許會說，╳╳╳辦的這個大學還像個樣子，只是當年他的眼界低了一點。[170]

在他聘用的人選中，最重要的推手是學術副校長錢致榕（台大物理系畢業，耶魯大學博士，約翰霍普金斯大學物理學教授），他就是一九七一年一月三十日，保釣運動在華府示威遊行隊伍中，向周書楷大使表達群眾心聲的三位代表之一。吳校長認為錢氏：「最為可貴的是一顆中國心。」[171]錢致榕現任台灣政治大學講座教授，推動博雅（liberal arts）教育。

科技大學第二任學術副校長孔憲鐸，也曾參與過保釣運動。所以，從校長到兩位副校長以及部分教授都曾或多或少參與過保釣運動。其中人文社會科學院院長齊錫生，是我芝大政治系學長，也曾與我一齊參加安娜堡國是大會。

170 魯伊，〈一個大學的誕生〉，《三聯生活週刊》，第四三七期（二〇〇七年六月二十五日），頁四。
171 吳家瑋，《同創香港科技大學》，頁一〇五。

吳校長在聘請華人學者來科技大學教書，有時是採取理性與感性並用的策略。例如在一九八九年七月，六四天安門事件一個月後，他想吸收一位「老保釣」張信剛（紐約州水牛城的紐約州立大學保釣會刊物主編，美國南加州大學生物工程系系主任，美國生物工程學會主席）。當時有人向他質疑大陸已陷入混亂，吳校長一邊流淚，一邊回答說：「祖國不正是更需要你們了嗎？」結果，張信剛不僅來到了香港科技大學，後來又出任香港城市大學校長[172]。

其他著名保釣人物加入科技大學陣容的有沈平（普林斯頓大學博士，該校保釣會負責人之一，亦是一九七一年一月三十日保釣遊行示威提議人）、余珍珠（哈佛大學博士，波士頓地區保釣大將）、張東才（如前述，現為香港科技大學教授）、項武義（中央研究院院士）等人[173]。

我個人也有被吳校長「禮賢下士」的經驗。一九九五年，齊錫生教授卸下香港科技大學人文社會科學院長職位，承蒙他向吳校長推薦我，我當時任教國立政治大學，並兼該校國際關係中心主任。記得該年某日，吳校長親自從香港來台北與我會面，希望我能申請該一職位，我因已回台服務，正享受回國服務之樂，怎可能離台赴港？故予婉謝。我從來沒見過一位大學校長會坐飛機到另一個城市，只為敦聘一位與他素昧平生的學者，所以我深為感佩他這種熱心求才的精神。

172 同上，頁一八一。
173 同上，頁二四一、二五九。

香港科技大學能在二十年間，從無到有，躍居亞洲大學排名第一，世界大學排名第四十，真是成果豐碩。據齊錫生教授告知，該校約有五百位教授，其中五分之二來自世界各地，約有五分之三為華裔資深教授，均來自美國一流學府。該校亦雇用許多香港及大陸有國外留學經驗之學人為教授，故該校是華人菁英學人之大集合，遂能在二十年內，將科大辦成一流大學，這是華人學者之光榮。

胡適先生曾為文敘述芝加哥大學如何從無到有之優異辦校成績。他指出，芝大於一八九一年創立，在第二年開學時，即以高薪挖角美國及歐洲著名學者多人，其中包括八位曾任大學校長之學者，有此批優秀師資，芝大立即被公認為第一流大學。所以，香港科技大學和芝大，恐係現代世界高等教育史上，在建校一、二十年內即成為世界名校的絕佳範例。我衷心祝福香港科技大學，能早日成為中國之麻省理工學院。

## 十六．人在美國、但心懷大陸的保釣人士

保釣運動後，一些保釣人士雖續留美國生活，但心懷大陸，利用餘暇獻身大陸教育工作。他們於一九八〇年，在紐約州成立「科技教育協會」(Education and Science Society, ESS)，由聶華桐、袁旂、謝定裕、潘毓剛、孫正中發起。如同前述，謝定裕、袁旂(台大土木工程系畢業，密西根大學博士，紐約市立大學教授)都是紐約保釣左派大將。這個協會的基本工作是改善大陸農村基礎教育。大陸一共有三千多個縣、十幾萬個農村學校，但人力、物力、師資均不足。這個協會工作包括三個層面：第一，成立圖書館或圖書室。迄二〇〇八年，在貴州和廣西設立四十五個「鄉鎮公共圖書館」，在四千九百六十八所學校成立「鄉村學校圖書室」，以及在大陸八個省的鄉鎮學校內成立「多媒體圖書館」。第二，提供鄉鎮青少年助學金。迄二〇〇九年，已為貧困兒童提供一萬五千人次的助學金。第三，培訓教師。迄二〇〇九年，受培訓的教師約三萬人。總之，直接受惠的師生約達四百萬人。這個協會的工作人員都是志工，經費來自捐款。他們的目標是：「希望中華兒女一代比一代強，希望所有的孩子都有充實的明天。」[174]

參與這個協會工作最傑出的人士之一是喬龍慶女士，政大教育系畢業，美國維吉尼亞大學教育博士，曾在美國中、小學教書及在美國紐約市教育局任職。退休後，她以協會副主席身

174 喬龍慶，〈回顧就是前瞻〉，收入謝小芩等編，《啟蒙．狂飆．反思》，頁一七八—一八四。

分，在過去二十幾年投入大陸農村教育工作。她和她先生呂克群都曾參加保釣運動，其他參加協會工作人士，許多亦都是保釣熱心分子。二〇一〇年五月，她的母校台灣國立政治大學頒給她名譽博士學位，指出她的成就，已獲得「現代晏陽初（作者註：民國著名平民教育家）」之美譽。我在政大念書時，曾和她有幾面之緣，她晚我一屆。

另外一個值得介紹的類似組織，是董敘霖和楊貴平夫婦在一九八八年成立的「滋根基金會」。他倆約集了十四位保釣朋友，每人每年捐獻二百五十美元作為基金，共計三千美金，現已增至四十萬美金。董敘霖為北加州保釣左派大將，當年與劉大任、郭松棻等人出版《戰報》，後入聯合國工作。他倆在保釣遊行中認識，後結為夫婦。

滋根工作的宗旨是「促進以『人』為中心的可持續發展」，以區別於以「物資」為中心的發展。它的工作是支持貧困人群最基本的需要：衛生保健、教育和營養，所以基金會取名「滋根」。貴州是中國最貧窮的省分，所以成為滋根工作的重心。它的工作重點先是資助窮困女童入學。自從中共教育實行收費以後，農村重男輕女，鄉村女童上小學比例不到三分之一，青壯年婦女百分之九十五為文盲。在滋根的努力下，使得男女孩童上學比例達到平衡，工作也從女童教育逐漸擴大到支持鄉村圖書館、鄉村醫療、婦女活動、小技術、小水電等工作。

滋根工作的另一個特色是走向最貧困最偏遠的地區。楊貴平說：「最邊遠貧困的地方，許多援助是不到的，這邊的人民最需要幫助，也最容易被遺忘，別人可以不去，但滋根一定要去。」她又說：「我們追求的就是鄉村裡有乾淨的飲水和公路，有豐富多彩的文化，人民的健康和教育能得到基本的保障。」

目前，滋根美國基金會已在台灣及香港成立姊妹組織，初期一半以上的理事都曾參加過保釣運動。這三個單位負責募款，在中國成立「中國滋根鄉村教育與發展促進會」。二十年下來，滋根支援地區已從貴州擴及到九個省，二百多個貧困鄉村，迄今為止，一共照顧到八萬多人次的女童及孤兒[175]。

我對當年參加保釣運動的人士，只有一個看法或要求，那就是「心口如一」，「言行一致」。所以我對喬龍慶、楊貴平等旅美保釣人士，能夠深入大陸最偏遠最貧困的地區去興學濟貧，有如史懷哲深入非洲行醫，以及台灣慈濟基金會志工在大陸艱苦地區從事救助工作，都是實踐愛心、關懷中華的典範。

175 謝小芩等編，《啟蒙・狂飆・反思》，頁一八六—一九六。

## 十七・對保釣運動左派思潮之反思

從一九六五年到一九七二年，我在麻省塔夫茲、哈佛和芝加哥大學等校園求學，前述水秉和所提到有利中共的書籍及影片我都看過。美國大學圖書館有關中共資料，都是正反並陳，只要你能認真檢視，對中共負面之資料，俯拾即是。除非你是先有主見，或是不肯認真研究，否則不可能被牽著鼻子走。胡適早年即曾言：「被孔丘、朱熹牽鼻子走，固然不算高明；被馬克思(K. Marx)、列寧(Lenin)、史達林(J. Stalin)牽鼻子走，也算不得好漢。」

一九五〇年，台大校長傅斯年對大陸淪陷與中共革命成功感慨萬千，他將中共革命成功歸諸於教育界在思想戰場之失職：

> 教育界的千不是萬不是，是一個懶字。假如學會日本人之努力，四十年譯成有影響於思想文化的大作千部……那麼文化教育也不致如當代之真空狀態，共產黨挾其馬、恩、史、列的邪說，新民主主義之縱橫闔論，也不容易浸潤起來。只是教育界未免太懶，讀書只在怡然自得，青年心中的問題，不給他一個解答，時代造成的困惑，不指示一條坦途，於是共產黨乘虛而入。[176]

176 傅斯年，〈中國學校制度之批評上、下〉，《大陸雜誌》，第一卷第十一期（台北，一九五〇年十二月十五

我個人認為傅先生這個「懶」字，應指「讀書不求甚解」，或為學不夠扎實。一九四九年前，由於國家戰亂，教育條不足，許多中國知識分子錯誤地擁抱馬列主義以及中共革命，尚情有可原。但一九七〇年代參加保釣的知識分子，身處美國高等學府，圖書豐富，他們不僅支持文革，並擁戴毛澤東，實難辭其咎。他們為何會走上此一道路？個人認為有以下重要原因。

第一，他們對於一九四九年以來的大陸政權本質認識不清。

中共政權從一九四九年至一九七二年之表現，假如你認真去研究，真相非常清楚。一九五七年，毛澤東發動「百家爭鳴，百花齊放」的反右派鬥爭，數十萬知識分子遭受批鬥。一九五八年至一九六〇年的三面紅旗運動，造成數千萬人民因飢餓而死亡之慘劇，這些都不乏報導，並有許多學術著作印證。

至於在文革期間所發生的事情，更是怵目驚心。僅根據當年中共官方所透露的資料，文革主要的發展已顯示如下：

一、文革以毛澤東貫徹其極左的意識型態開始，但權力鬥爭至為慘烈。先是在一九六八年十月，將國家主席劉少奇定罪為「一個埋藏在黨內的叛徒、內奸、公賊，是罪惡累累的帝國主義、現代修正主義和國民黨反動派的走狗」。然後被提升為毛澤東接班人的林彪，竟在一九七一年九月率妻兒逃亡而墜機，此事發生在保釣運動正熾熱進行期間，無人不曉。

---

日），頁一〇一一一。

二、文革期間對中國文化、社會及經濟造成嚴重的破壞。文革最初的參與分子，只限學生和城市知識分子，後來又在農村和工廠展開文革，等於在全中國展開，這對社會和經濟將造成多大的破壞⁉

三、文革嚴重破壞了全國教育事業。文革發生後，大學和中小學教育全部停頓。當世界各國，尤其是開發中國家，大家都力求提高人民知識水準，以進行國家建設，中共則反其道而行。

四、對毛澤東個人崇拜狂，超過納粹黨對希特勒、或蘇聯人民對史達林的崇拜。

以上這些發展，既然在保釣運動結束之前均已清楚顯現，許多留美學生以及學人，怎未加深思還繼續擁護毛澤東與肯定文革？

第二，他們受到一九六〇、七〇年代「新左派」思潮影響。

前述水秉和奉行的「新左派」思潮，有其西方文化背景以及時代因素，不能隨意接受。美國社會學者何蘭德（Paul Hollander）在其名著《政治朝聖者——西方知識分子對於美好社會的追求》中指出，西方一些知識分子，在一九三〇年代，對史達林的蘇聯非常傾慕；到了一九六〇、七〇年代，這些新左派分子，厭惡資本主義社會的商業化及階級的剝削，欣賞社會主義所強調的群體（community）意識、平等與正義，因此他們支持社會主義或共產主義革命，將追求一個公平正義社會的希望，寄託在他們並不真切了解的中國、古巴與北越身上[177]。

從閱讀《戰報》，以及在安娜堡國是會議聽到他們批評台灣是美日經濟的附庸，我知道他們引用的理論是一九六〇年代盛行的「依賴理論」（Dependency Theory），為「新左派」學者所主張。這個理論基本是說，富有的資本主義國家，從貧窮及低度發展國家獲得廉價原料，製成成品，再外銷給這些國家，等於是雙重剝削，造成國與國間，富者愈富，窮者愈窮；所以這些窮國加入資本主義國家的世界秩序，會對他們愈不利。他們認為，貧窮國家要盡量脫離資本主義，走出自己的發展方式，為了達到這個目的，窮國必須走向社會革命。

依賴理論到七〇年代逐漸失勢，因為東亞（包括台灣）等經濟體，引進外資，打入國際經濟秩序和市場，逐漸從依賴走向自立，並能帶動國內整體經濟活動，改善生活，這種國家發展經驗的理論，被稱為「現代化理論」（Modernization Theory）。此一理論更認為經濟發展會促進社會開放與政治民主，並走向全球化。

這兩種理論在六〇、七〇年代都很興盛，我個人支持現代化理論。台灣資源缺少、科技不發達、國內市場狹小，若不引進外資或進行現代化建設，本身很難發展經濟。我認為，依賴理論就像孫中山說的馬克思主義，是病理的探討，但處方和治療之道還是現代化理論。台灣、南

177 Paul Hollander, *Political Pilgrims: Western Intellectuals in Search of the Good Society* (London: Oxford University Press, 1981; New Jersey: Transaction Publishers, 1998), pp.412, 425-429.

韓及一九七八年改革開放後的中國大陸，都是實行「現代化理論」成功的例子[178]。

在此我要指出，當代西方思潮或經濟發展理論，乃專門學問，我們不能要求所有保釣左派分子有所了解，尤其大多數保釣分子都屬理工科系。但是在保釣左派分子中，亦有許多是人文與社會科學之學生及學人，為何他們也對此無深刻認識？在當年美國學術界，「新左派」仍是少數，大多數之知識分子並不擁抱「新左派」，本人當年在美國數個校園念書與教書，閱讀過許多「新左派」書籍，但是也拜讀過許多對其批評之著作。

第三，他們之中許多人為民族主義沖昏理智。

如前所述，史學家何炳棣竟能說出：「人類自有史以來，從來沒有比新中國開國的氣魄和規模更加宏遠的了」；而楊振寧竟認為文革沒有導致「不幸的局面」，並將之歸功於毛澤東的領導。

廈門大學教授謝泳，專門研究現代中國知識分子之言行，他對何、楊等人之現象，提出兩種解釋，一是這些學人受到很高程度的蒙蔽。他說明大陸政府在接待外賓的一些虛假作法：「常常是提前排演，或者用政治手段威脅外賓的親朋故舊，不讓他們講真話，再有就是臨時裝扮外賓所要到的機關場所和親戚家裡的生活條件等等。」二是這些學人對祖國不忍指責。他認

178 關於跨國公司對台灣經濟發展之貢獻，可見Chi Schire（薛琦），*The Foreign Factor: The Multi-national Corporation's Contribution to the Economic Modernization of the Republic of China*（Stanford, CA: Hoover Institution Press, 1990）。

為像何、楊等人，「均是智慧超群之士，當時經歷也是閱盡滄桑」，他們不可能一點也沒有察覺，但是他們強烈的民族情感讓他們不忍心對自己的祖國提出批評，所以，他們的「家國情感超越事實判斷，統一意念妨礙知識分析，資訊阻塞導致背離常識，輕信國家強大，產生民族幻想」[179]。

一位熟悉保釣運動的學者花子虛（筆名），對於知識分子過度強調民族主義或情緒加以批評：

> 釣運帶給我的一個教訓是獨立思考的可貴。民族情緒、大中國主義、「啊，祖國」都是層次很低的東西。集體的頭腦發脹是會走火入魔的。
>
> 釣運帶給我的另一個教訓是，對於政權只能批判不能吹捧。對當政者歌功頌德或甘為走卒，最後只會造成可笑的結果，不但要隨著政局變化自打耳光，而且連帶也會把「運動」變成一場滑稽戲。[180]

第四，有些左傾分子之言行，是一種政治投機。

179 謝泳，《中國現代知識分子的困境》，頁二一五。
180 花子虛，〈豈如春夢了無痕？——釣運與統運的另一面〉，頁九一。

張系國在其討論釣運的《昨日之怒》小說中，透過一位王教授的發言，批評一些以保釣運動作為政治投機資本的人，尤其是在一九七二年尼克森總統訪華後的一些華裔美籍教授：

> 保衛釣魚台運動本身不了了之，只便宜了一批左派，拿保衛釣魚台運動當作進身階，一個個到北京朝聖去。我想起來就生氣！我是再也不會上當了……至於尼克森訪問大陸後，紛紛跟著左轉的一批所謂海外學人，他們才是真正的投機分子……他們從前回台灣是歸國學人，被人捧到天上。現在回大陸又是學人，也被人捧到天上。這些人是永遠不會吃虧的……哪一邊能夠讓他們過足特權階級的癮，他們就倒向哪邊。[181]

其實大陸知識分子對這種「美籍華人」是很有意見的。大陸名作家、也曾擔任過文化部長的王蒙，他在一九八二年出版的《相見時難》小說中，描寫一位小時即赴美留學、然後定居美國多年的「美籍華人」，和一直生活在大陸的童年好友的對話，來批評所謂的「美籍華人」：

> 美籍華人（女）問：「經過了這麼多年……你現在還堅持你當年給我講過的那些革命理想嗎？」

181 張系國，《昨日之怒》，頁二二〇—二二一。

大陸好友（男）心中說：「她為什麼敢於提出這樣一個大膽的問題？難道她，一個逃兵，一個自己的信仰上的變節者，一個幾十年來沒有對祖國、對祖國多難的人民盡過一點義務的『美籍華人』，卻有資格來向他提出問題嗎？正是他和他的同志們流血、流汗、忍受一切折磨，以超人的意志、勤奮、毅力和犧牲精神，改變了中國的歷史，把中國從上到下從裡到外翻了一個個兒。為有犧牲多壯志，敢教日月換新天！你芝加哥的和紐約的、舊金山的和洛杉磯的美籍華人都加在一起，能懂得這兩句詩的含義嗎？」[182]

另一位大陸作家馮驥才，在他《霧中人》的小說裡，對這些外籍華人的看法也很不屑[183]。我在一九九二年起，前往大陸參加會議十餘次，好幾次聽到大陸知識分子對何、楊等人在大陸的言行，頗為憤慨。他們說，當他們止身陷文革苦難時，這些學人到了大陸，卻對中共政權和文革歌功頌德。

亞里斯多德（Aristotle）在兩千多年前即有名言：「人在本性上即是一個政治動物。」既是政治動物，除非有極強的正義感和自制力，否則難免會趨炎附勢以追求名利。

第五，有些知識分子，因為在美國生活有挫折感，因而以政治認同來擴大自我。

182 劉紹銘，〈大陸的「遊學生」文學〉，《明報月刊》，一九八五年四月號，頁六九—七〇。
183 同上。

前述已故魏鏞教授，研究政治行為科學多年，他在保釣期間，常隻身反抗左派人士，曾用政治學者拉斯維爾（Harold Lasswell）的理論，說明當時海外留學生為何左傾激進。魏鏞解釋拉斯維爾之理論：「個人私生活中的沮挫感（Private Frustration），投射（Displaced）到公共事務上，並且自圓其說（Rationalized）是為了大眾的利益，便產生了一個『政治人』（Political Man）。換句話說，一個人他不肯承認自己失敗，就找一個較大的目標來認同，藉此行為來擴大自我。」魏鏞認為，「這種因挫折感而導致政治化的傾向，可以解釋不少留學生的心態與行為。」[184]

我認為拉斯維爾之理論只能解釋釣運中一部分人的行為。我相信大多數許多參加保釣的人，不管左右，個人私生活的沮挫感應不是參加保釣的原因。

第六，知識分子的傲慢與偏執。

文化評論家南方朔則以亞里斯多德對悲劇的理論，來分析釣運中「統運」人士的行為，他認為這些知識分子犯了一種獨特的傲慢與偏執：

> 亞里斯多德論悲劇時說過：「悲劇並非邪痞所產，而係脆弱與錯失所生。」在「統運」人士身上，我們看不到邪惡，而只看到了知識分子的脆弱以及因此而產生的錯失——知識分子總是喜歡在概念世界裡尋找理想，甚至不自覺的以他人生活世界作為賭注，這是一種知識分子獨

184 邵玉銘編，《風雲的年代——保釣運動及留學生涯之回憶》（台北：聯經，一九九一），頁二三一—二三二。

特的傲慢與偏執，也是左右法西斯的源頭。[185]

我個人認同南方朔此一看法。

我們今天無法推斷釣運中左派分子當年言行的真正原因，是太強烈的民族主義或情感？是政治的投機？是拉斯維爾「政治人」理論下的現象？還是亞里斯多德悲劇理論所描寫的行為？我們只能推測，他們的言行可能是基於以上一種或數種原因。

總之，保釣運動一些左派人士之言行，是中國知識分子問政史上一頁值得檢討的記錄。個人之所以不厭其詳加以敘述，一方面是深感痛心；更重要的是要留下此一記錄，來警惕中國知識分子，未來在討論國事或參與政治運動時，應慎思明辨，言行一致，方不違背知識分子應有之風骨，並善盡自己的社會責任。

美國社會學家希爾斯（Edward Shils），在其名著《知識分子與當權者》中，認為知識分子應和當權者保持適當的距離，才能夠扮演好「異議者」或「批判者」的角色。他譴責一九三〇年代歐美知識分子支持蘇聯共產革命，以及德國威瑪共和國知識分子沒有起而反抗納粹主義，他認為知識分子必須與教會、國家、商人與軍人維持一種「緊張」（tension）的關係，而不可向它

185 楊澤主編，《七〇年代理想繼續燃燒》，頁一二四—一二五。

們妥協[186]。

美國文化評論家薩依德(Edward W. Said)在他的名著《知識分子論》中，認為「知識分子應該質疑愛國的國家主義，集權的思考，以及階級的、種族的或性別的特權意識；知識分子的角色是對抗(而不是產生)正統與教條，不能輕易被政府或集團收編，其存在的理由就是代表所有那些慣常被遺忘或棄置不顧的人民和議題」[187]。

史學家余英時，在其一九八七年出版的《士與中國文化》一書中指出，中國「士」的傳統延續了二千多年，宋代范仲淹所倡導的「以天下為己任」的風範和梁啟超的「世界有窮願無盡」的詩句，最能代表「士」的精神[188]。一九八三年，針對海外中國知識分子能為中國做些什麼的命題，他的回答是：

> 海外知識分子是很關鍵性的。它應該提供一種聲音、提供一些思想上的新資源，把共產黨自欺欺人的政治神話徹底打破，看它是不是代表無產階級和人類最美好的未來。中國是可能有美好的未來，但希望絕不在共產黨的「四個堅持」(作者註：堅持社會主義道路，堅持無產階

---

186 Edward Shils, *The Intellectuals and the Powers & Other Essays* (Chicago: the University of Chicago Press, 1972), esp., pp.3-22.

187 薩依德著，單德興譯，《知識分子論》（台北：麥田，一九九七），頁三一、四八。

188 余英時，《士與中國文化》（上海：上海人民，一九八七），頁九—一〇。

級專政，堅持中國共產黨領導，堅持馬列主義、毛澤東思想）。我們要指出：毛澤東同時自絕於中西文化主流的那種悍而肆的心態，是三十年來中國災難的精神根源。[189]

以上希爾斯、薩依德對知識分子角色的界定，尤其是余英時對中國知識分子的期許，應是我們對保釣運動參與人士言行評價的重要依據；如依這些依據，保釣運動中左派人士的許多言行，今日恐怕不堪回首。

189 余英時，《文化評論與中國情懷》（台北：允晨，一九八八），頁二五七。

## 十八・結語：功大於過，瑕不掩瑜

到底我們應如何評價整個保釣運動？

在保釣運動期間，我雖然只親身參加了一九七一年一月的芝加哥遊行、九月的安娜堡國是大會，以及十二月的反共愛國聯盟大會。但是在那一年半，我親身接觸了很多左、中、右的保釣人士，在過去四十年間，為了蒐集保釣資料，我可說「上窮碧落下黃泉」，在仔細拜讀後，我願意在此表達對這個運動的最後看法。

首先，我要肯定保釣運動，因為它提供留美中國知識分子一個自我反省與做出人生抉擇的機會。

參加保釣運動的大多數人，其最初目的很單純，即是保釣。但是因為經過這場左右鬥爭的洗禮，使得大多數人捫心自問幾個問題：一、兩岸中國政權的實質與意義為何？二、你該認同哪一個？三、你應該扮演什麼角色或應盡到什麼責任？四、你生命的目的是什麼？五、就算選擇美國作為生命的寄居之所，是否也應為中國人民（無論哪一地區）提供一些服務？在我看來，保釣運動最大的意義以及貢獻，就是迫使知識分子針對以上問題進行深思，找到答案，然後做出了一些人生的決定。

其次，我個人認為釣運一些左傾人士當年的言行固然值得批評，但最令人非議的，是他們言行不一。在保釣期間，他們高呼中華人民共和國萬歲、中華民族萬萬歲，並且批評他們所居住的美國社會是腐敗的資本主義以及邪惡的帝國主義的產物，但是保釣過後，他們絕大多數還是留居美國，而未實踐要為中國人民服務的諾言。一九七六年四人幫垮台，文革種種的醜惡與暴行逐漸大白於世，在這種情況下不回歸祖國是可以理解的。但從一九七一到一九七六年那五年，雖然說當時大陸政府並沒有歡迎他們回國服務的政策，但是若想回去，還是可能的。根據一九七七年回大陸服務的吳國禎教授透露，當時回到中國大陸服務者已有十人，已見前述。所以說，以這六年而言，回國人數之少，是一難堪的記錄。

第三，在釣運中，不畏左派人士之譏笑甚至辱罵、而毅然決然支持中華民國之人士，他們大多數都實踐諾言，釣運過後陸續回台灣服務。而當年參加一九七一年十二月成立的「反共愛國聯盟」盟員，更是回台服務之先鋒。

第四，美國的保釣運動，對一九七〇年台灣的保釣運動有直接與間接的影響。隨著當年美中關係正常化、上海公報、鄉土文學論戰、黨外運動、美麗島等事件發生，台灣朝野開始採取各種「革新保台」的行動，終於帶出一九八〇年代政治民主化的潮流。

第五，一些保釣人士，如吳家瑋等人，在香港創辦了香港科技大學；如喬龍慶、董敘霖夫婦等人，雖留居美國，但也成立「科技教育協會」和「滋根基金會」，到大陸最貧困、最偏遠地區服務。他們都盡了對香港以及大陸人民的心意。

根據以上所述，我對保釣運動的評價是：如將北美保釣運動只侷限於爭回釣魚台一事而言，當然是失敗的，因為釣魚台迄今仍在日本手中；如將保釣運動只侷限於檢討一九七一年左派人士的表現，那誠屬中國知識分子值得檢討的記錄；但如將保釣運動當作一個激勵思想、燃起民族熱情的動力，促成很多保釣人士返回台灣、香港、大陸工作並各有所成，這種發展終於「救贖」(redeem)了整個的保釣運動。總之，整體而言，一九七〇年代美國華人的保釣運動，是功大於過，瑕不掩瑜。

| 第二部 |

# 台灣的保衛釣魚台運動

## 一・台灣各大學的保釣運動

美國的保釣運動直接激發了台灣的保釣運動。一九七一年四月十日在美國數大城市遊行後的第三天（十三日），台大即掀起保釣的浪潮，然後在兩個月內，許多大學生亦加入保釣的行列。保釣運動之後，台灣又發生台大的校園民主運動、民族主義論戰、哲學系教師解聘事件，有關台灣前途的辯論、革新保台的主張、鄉土文學論戰、台灣左翼運動，以及一九七九年美麗島事件後展開的本土民主運動，這些都是一九七〇年代在政治、社會、文化、思想範疇的重要事件。

至於一九七〇年代的台灣左翼思潮與運動，更和美國保釣運動有直接關聯。一九七六年，《夏潮》雜誌出版，其所謂「夏潮集團」眾多成員，均參加了上述一九七〇年代的許多事件。此一集團之精神領袖陳映真即坦白表示：

> 《夏潮》的運動直接的是跟保釣有關，那麼它的背後是文革的影響……《夏潮》這運動也是從美國輸入的，它是港台留學生在美國那個環境，而不是在台灣的土壤，在美國受到改變，然後再回到台灣……我個人認為《夏潮》不能離開保釣運動來思考，它是保釣運動的一部

分。[1]

我個人認為，美國保釣運動從一九七〇年十二月開始至一九七二年五月結束，可說是一九七〇年代保釣運動的上集；一九七一年四月在台灣許多大學展開的保釣運動，及其後在台灣政治、社會、文化、思想等層面的發展，或多或少受到海內外保釣運動的影響，可將之視為一九七〇年代保釣運動的下集。為求能正確評估一九七〇年代整個保釣運動，對台灣的保釣運動及其後續發展，必須一併研究。

一九七一年四月十三日，台大農經館牆上出現了兩幅白色長布，上面偌大的黑字寫著：「中國的土地可以征服不可以斷送」、「中國的人民可以殺戮不可以低頭」。四月十五日，台大、政治大學、師範大學僑生一千餘人前往美國大使館，抗議美國預備將釣魚台送交日本。四月十六日，政大學生三百人左右，又赴美國大使館遞送抗議書。在這段期間，成功大學、師範大學、清華大學、海洋學院、淡江學院、中興大學、輔仁大學、東海大學等校學生，舉行座談會、遊行、向國內黨政機構提出陳情書、向美國及日本駐華大使館遞送抗議書（其中師大抗議書由二千名學生以鮮血簽名）等行動，表示他們維護釣魚台主權之決心，以及反對美日對釣魚台之

1 郭紀舟，《七〇年代台灣左翼運動》（台北：海峽學術，一九九九），頁四四八—四五五。

立場[2]。

在台灣各大學之保釣運動中，以台大最具規模與聲勢。四月二十日，台大正式成立保釣委員會，展開許多保釣活動。六月十七日，美國與日本簽署將琉球管轄權移交日本之正式文件，其中並將釣魚台列嶼包括在內。是日，台大學生上千人浩浩蕩蕩前往美日駐華大使館遞交抗議書，內中指出美日此舉是「帝國主義式的『慕尼黑』在亞洲重演」。馬英九是台大法律系學生，曾任台大學生代聯會祕書長，他也參加這次遊行，是走在隊伍最前面者之一。這次遊行是台灣戒嚴期間政府首次同意學生走上街頭[3]。

經過留美華人學生在該年一月二十九、三十日及四月九日、十日，於美國數大城市舉行兩次示威、並赴國務院遞交抗議書；再加上四月以來，台灣許多大學生代表前往美國大使館遞交抗議書，在這些共同努力之下，對美國政府多少產生一些效果。美國國務院終於在簽署該項文件之同日，發表正式聲明：「美國只是把琉球交還日本，因之，有關釣魚台的主權問題乃是有待中華民國與日本來謀求解決的事。」[4] 表示美國對釣魚台主權之爭，採取中立立場。

一九七二年五月十五日，美國將釣魚台行政權移轉日本，台大保釣委員會在五月二十二日

2 鄭鴻生、王曉波主編，《尋找風雷——一九七〇年代台大保釣學生運動史料彙編》（第二冊）（台北：海峽學術，二〇一一），頁一三二—一七五。

3 同上，頁二〇六—二四三；張鈞凱，《馬英九與保釣運動》（台北：文英堂，二〇一〇），頁一六。

4 洪三雄，《烽火杜鵑城——七〇年代台大學生運動》（台北：自立晚報社，一九九三），頁三八。

宣布解散，於是台灣的保釣運動與美國的保釣運動同時結束。

台大以及一些大專院校的保釣運動，雖無法在實質上達成保釣目標，但此一運動卻打開了一道閘門，湧出一股要求關懷社會以及政治革新的洶湧浪潮。一位當時的年輕作者對這個現象有如下的描繪：

> 海內外保釣運動的澎湃，將大學生的焦點從書本、分數、托福、獎學金轉移到政治社會問題。雖然並沒有因為示威遊行、抗議等行動而挽回釣魚台的命運，但是參與活動的大學生已經感覺到，不是空喊口號或熱血激情就可以解決國際上的逆勢(流)，唯一的辦法只有從根本上去了解社會、關心國事。
>
> 民國六十年(一九七一年)十月退出聯合國，是決定今後學生運動方向的一大關鍵。二十年來安穩的局面突然有了劇烈改變，驚醒所有人的迷夢。保全經濟、穩定社會、自立自強才被認清是最實在的唯一方法。從中央民意代表的改選、農村經濟的凋敝、勞工等問題的受重視，大學生逐漸感受到象牙塔外的世界正以無窮的毅力決心，艱苦的應付國際逆流。[5]

---

5 蕭阿勤，《回歸現實——台灣一九七〇年代的戰後世代與文化政治變遷》（台北：中央研究院社會學研究所，二〇〇八），頁一〇七。

## 二・台灣知識分子對美國保釣運動左傾之批評

針對美國保釣運動中的左傾現象，在台灣的知識分子提出了嚴正的批評。

胡秋原先生在一九七一年十一月的《中華雜誌》上，發表〈致留美學界書：對關心國事而左傾的留學生的一封公開信〉。這篇超過萬字的信，首先引述一位老留美學人的話：「今日中國之事不是國民黨為共產黨所敗，而是留美派為非留美派（作者註：指留日、俄、法、德）所敗！」所以他認為今天留美的學生應該有志氣，為過去留美學生這塊招牌雪恥。胡先生認為台灣存在的意義就是協助中國大陸革命，並證明中國不能走共產之路，所以台灣是旋轉大陸的支點。他認為留美學人應把他們的學術貢獻，經由台灣這個橋梁通到大陸同胞，點燃大陸革命之火花。他警告這些學生：「如果諸位竟吝於此舉，為自了漢以終身，則諸位一生除在美國電話簿上留下若干中國名姓外，將一無所有。」最後他引述義大利國父馬志尼（G. Mazzini）對國人最後的談話，來勉勵留美學生：「要愛我們這個偉大而不幸的國家並為其工作，實現他崇高的命運，盡你們最大的努力來為他贏得真正的自由。」[6] 其憂國憂民之心，躍然紙上。

一九七二年，陳南興、鄧維楨發表〈知識分子的社會良心：讀何炳棣博士訪問中國大陸回美國之後所做演講的感想〉。何氏演講中對毛澤東特別推崇：「他（毛）真正了解到整個國家正

[6] 金耀基等著，《天涯怒吼》（台北：莘莘，一九七二），頁一二八—一四九。

在為七億五千萬人民的幸福做巨大的努力，而他的工作正是這巨大努力的一部分。」兩位作者提出反問：「我禁不住要問何博士：中國人民在為自己的『幸福做巨大的努力』的時候，為什麼他個人卻留戀美國，不想回到大陸也參加『這巨大努力的一部分』？」最後作者提到如何促使大陸早日轉變：「那就是號召許多海外最具熱情和同情心的中國人，效法基督徒到蠻荒傳教的精神進入大陸，在中共統治有限的允許之下，灌輸下一代中國人新的嚮往。兩、三代之後，新的中共領袖群產生，轉變的希望也許可以這樣達成。」兩位作者認為何氏遠居美國，「他對中國人民沒有真摯的情感，他只是想坐觀其成。」[7]

張紹文、許仁真（許信良）、包青天（包奕洪）、張景涵（張俊宏）於一九七二年一月在《大學雜誌》上，發表〈論中國之前途：與國外留學生冷靜談國是〉，嚴正地譴責海外保釣左派人士。第一，四位指出，由於在心理、語言、經濟、自尊心、生活方式等所產生的壓力，使這些留學生對西方社會產生龐大的差距感，以抓住毛共偶像來改善在西方社會的處境，使破碎的心靈獲得強而有力的歸屬感（作者按：此種看法和前述魏鏞所言相近）。第二，他們駁斥這些左派分子批評台灣接受帝國主義援助是漢奸行為。他們說：假如台灣同胞「拿了外人的錢在自己國土從事自己的建設也構得上『漢奸』罪名的話，那麼在『帝國主義』的疆域上拿『帝國主義』的獎學金和俸給為『帝國主義』者效勞的人們，恐怕更要先慚愧得無地自容了。」第三，他們

7 同上，頁一六三—一八〇。

批評左傾的學生沒有在大陸做任何努力、在美享受資本主義的生活、卻大聲歌頌毛共政權。第四，批評毛澤東從土法大煉鋼到文革，已把數億中國人弄得翻天覆地。他們的結論是：「今天海外青年所負的責任，不是歌頌這個政權，而是應該鼓舞七億中國人追求現代化的希望，欲點燃中國人內心的希望最具體的方法，乃是在中國人唯一僅剩的自由領土上協助政府革新，加速建立一個光輝燦爛的榜樣，建設一個與中共具有強烈對比的社會，以供七億同胞能有一個明確的選擇。」[8]

記得在一九七一年十月，這四位學者文章發表之前，也是保釣運動左轉成中國統一運動之時，我在芝加哥所出版的《留學生評論》寫過一篇文章。我文中的結論是：「我們目前應該不分省籍，共獻心力，先將台灣建設成一個自由民主的省分，而將來如果情勢許可，我們再將這份自由民主帶到整個大陸去，而建設成一個富強康樂的新中國。」[9]看到胡秋原及《大學雜誌》這些朋友的文章，我很高興雙方雖遠隔重洋，對台灣應扮演角色的看法卻完全一致。

---

8 《大學雜誌》，一九七二年一月號，頁四五—四九。

9 《留學生評論》（芝加哥），第二期（一九七一年十月）。

## 三．台灣保守勢力與自由主義分子之對峙

一九七二年二月，尼克森率國家安全顧問季辛吉一行前往中國大陸訪問，中美雙方簽訂「上海公報」。其中要點有：一、中美兩國關係將走向正常化；二、兩岸人民「都認為只有一個中國，而台灣是中國的一部分」，美國對此立場表示「認知」(acknowledge)並「不提出異議」；三、美國雖表示對由中國人自己和平解決台灣問題的關心，但表示將「逐步減少它在台灣的武裝力量和軍事設施」，以及「確認從台灣撤出全部美國武裝力量和軍事設施的最終目標」，在公報中未提及「中美共同防禦條約」。

這個公報在我國退出聯合國四個月後發生，當然對台灣朝野是個超級震撼彈，同年九月，日本和台灣斷交並和大陸建交。

在這些內憂外患下，一九七〇年代前半期，台灣內部保守勢力與自由主義分子有過兩次明顯衝突。第一次是「小市民心聲」風波。一九七二年四月，《中央日報》連載筆名孤影(作者註：真名為敏洪奎)所寫的〈一個小市民的心聲〉長文，內容強調過度動盪的社會變革，將導致和越南一樣家破人亡的悲劇，因此要求人民不可輕舉妄動。國民黨相關單位見此文有助於安定人心，並可反制社會上比較激烈的改革要求，立即大量翻印數十萬份散發，許多機關學校都指定此文為必讀教材。這引起學術界反彈，絕大多數知識分子認為，台灣應該力求革新，反對這

種只求溫飽與安定的所謂「小市民心聲」[10]。

第二次衝突是台大哲學系解聘事件。由於台大哲學系教師陣容中，有自由主義人士，亦有信仰左翼社會主義人士，為政府主管思想單位所側目，遂發生一九七三年二月，台大哲學系副教授陳鼓應、講師王曉波及同學錢永祥被警備總部約談事件，隨後三年內，台大哲學系共有十三名教師被解聘[11]。錢永祥（後來出任中央研究院副研究員）指出，假如台大哲學系解聘事件沒有發生，台灣的自由派傳統能更進步與成熟，那日後台灣政治形貌和民主發展應該會更多樣化。他復指出，台大哲學系事件是「台灣思想史的一個分水嶺：一個在一九六〇年代萌芽的啟蒙批判傳統，在逐步緊縮的政治壓力中宣告夭折」。他認為一個社會若缺少自由主義和其他思潮的深刻反思，民主便無法誕生，民粹風潮則會取而代之[12]。

在這一股保守派與自由派的混戰中，一九六八年創立的《大學雜誌》，一直扮演自由派思想園丁的角色，它刊載許多革新保台的文章，是繼五〇年代的《自由中國》半月刊、六〇年代的《文星》雜誌之後，成為該時期極為重要的文化與思想性刊物。

一九七一年四月，《大學雜誌》發表九十三名學者及社會人士的〈我們對釣魚台列嶼問題

---

10 鄭鴻生、王曉波主編，《尋找風雷》（第五冊），頁一三一—一八八；洪三雄，《烽火杜鵑城》，頁二九一—二九九。

11 洪三雄，《烽火杜鵑城》，頁三七三—三九八。

12 《中國時報》，人間副刊，一九九五年七月二十七、二十八日。

的看法〉，七至九月發表許信良、張俊宏等四人的〈台灣社會力的分析〉[13]，十月發表由孫震、丘宏達等十五人署名的〈國是諍言〉[14]，一九七二年一月，發表楊國樞等十九人署名的〈國是九論〉[15]，這些文章均引起朝野廣泛之注意與回響。一九七二年一月，《大學雜誌》大幅改組，納入一百零二位國內外年輕學者，成為國內外學者要求革新保台最重要的言論基地。南方朔稱《大學雜誌》為「中國自由主義的最後堡壘」[16]。

南方朔指出，一九七二年蔣經國出任行政院長，《大學雜誌》土洋兩派開始分裂。洋派指出國留學回來的青年才俊，大部分具有博士學位；土派則是本地養成的知識分子。蔣經國不斷提拔洋派學者，如孫震、李鍾桂、關中，而對土派則進行壓制，引發土派內部有權力欲望者之怨懟（例如國民黨未提名張俊宏競選台北市議員，並打壓陳鼓應）。一九七三年一月，土洋宣告分裂，該雜誌之影響力逐漸式微。一九七五年八月，《台灣政論》創刊，代表新興的黨外運動開始萌芽，本土性訴求日漸興起[17]。

陳鼓應曾將《大學雜誌》的組成分子以及其後續發展分成四派：一、新保守主義派，如關

13 《大學雜誌》，一九七一年四月號，頁一七。
14 《大學雜誌》，一九七一年七月號，頁三三—三五；一九七一年八月號，頁一四—二五；一九七一年九月號，頁二〇—二七。
15 《大學雜誌》，一九七一年十月號，頁一—一〇。
16 《大學雜誌》，一九七二年一月號，頁七—四四。
17 南方朔，《中國自由主義的最後堡壘》（台北：四季，一九七九），頁一—六三。

中、魏鏞、丘宏達、李鍾桂，加入黨國體系；二、學院式自由派，如楊國樞、王文興等人，創辦《中國論壇》；三、地方政治派，如張俊宏、許信良、黃信介、康寧祥等人，創辦《台灣政論》；四、社會民主派，如王曉波、陳鼓應、王杏慶、王拓等人，他們繼承保釣以來反帝國主義、反資本主義的主張，走向民族主義與社會實踐路線，他們之中大多數人，不太願意介入所謂資產階級的政治選舉鬥爭，後來參與出版《夏潮》[18]。

我認為這四派知識分子，都是日後台灣民主運動的重要推手。

18 郭紀舟，《七〇年代台灣左翼運動》，頁七一—七二。

## 四・鄉土文學論戰與左翼思潮

當國民黨保守派壓制了自由主義，它仍須面對兩個新興的敵對勢力：一、美國釣魚台運動所興起的社會主義思潮逐漸進入台灣；二、本土政治勢力的日益崛起。

北美左翼思潮引入台灣，除了對台灣保釣運動有影響外，這個思潮先進入了文學界。一九七三年七月，釣運左派大將唐文標（於一九七二年自美回台，任教台大）對台灣文學展開激烈的批評。他發表〈什麼時代什麼地方什麼人——論傳統詩與現代詩〉。他首先表示，中國傳統詩以《詩經》和《楚辭》為代表，都扎根在最深的現實生活中，是有意義的。但是，在秦以後兩千年專制帝國裡，詩為一些知識貴族文人把持，成了他們的「自瀆品」、「裝飾品」，是一種頹廢的思想。其次，他以三人為代表批評現代詩：周夢蝶、葉珊、余光中，認為他們「最大的錯誤不只是文字、語言問題，而是思想非常唯我獨尊，是晦澀而不近人的」，「他們只愛鴕鳥式埋首在藝術沙漠裡，在古典和西方間飄泊，這些人是活在另一個國度裡。」[19]

一九七三年八月，打著現實主義旗幟的《文季》出刊，是台灣第一個現實主義文學雜誌。該刊攻擊的對象就是現代主義文學，最有名的攻擊手為陳映真。《文季》也繼承美國保釣運動所喊出的民族主義、反帝國主義，以及反資本主義化的個人主義。

19 趙知悌編，《文學，休走——現代文學的考察》（台北：遠行，一九七六），頁九五—一一八。

一九七四年，郭松棻在香港《抖擻》雜誌上，發表〈談談台灣的文學〉。在這篇文章中，他尖銳地批評台灣許多大學外文系師生，跟隨西方世紀末的頹廢思維，使現代主義與形式主義（如王文興的《家變》）大行其道。他尤其批評自己的母系（台大外文系）所編的《文學雜誌》、《現代文學》、《中外文學》，認為它們是輸進西方感性內容與技巧的主要媒介。相對於這些媚外的學院派或軍中派的人，就是有民族主義色彩的台籍作家，如《亞細亞的孤兒》作者吳濁流、《台灣人三部曲》作者鍾肇政、黃春明、陳映真等人。他在文章最後引述，有人認為台灣文學有兩大特色——殖民文學與倡優文學，他希望重新繼承中國三〇年代的文學傳統，使台灣新文學能「記錄台灣這塊土地上一向被『現代派』漠視的世紀的苦難與怒吼，也將透放被『現代派』的陰晦所遮擋的生的光芒」[20]。

一九七六年二月，《夏潮》出版，結合具有社會主義意識之知識分子、對台灣政經、文化具有改良思潮的知識分子、現實主義文學作家（如王拓）、海外受釣運衝擊的歸國學人（如唐文標、蔣勳等人），以及在日據時代反抗日本帝國主義的作家（如楊逵）等人。一九七七年發生「鄉土文學論戰」後，又加入台籍立法委員黃順興，以及國民黨內左派胡秋原、嚴靈峰、侯立朝等人。《夏潮》於一九七九年二月被禁，一九八三年以《夏潮論壇》復刊，一九八七年成立「夏

20 龔忠武等編，《春雷之後——保釣運動三十五週年文獻選輯》（貳）（台北：人間，二〇〇六），頁一〇九二—一一〇四。

潮聯合會」，同年六月出版機關刊物《海峽雜誌》，該刊出版至今。總之，《夏潮》的出版，是海外左翼思潮在台灣的再出發[21]。

《夏潮》和與其互通聲氣的《仙人掌》、《雄獅美術》，在一九七七年四月發動了鄉土文學論戰。根據林載爵的分析，鄉土運動有四個意涵：

一、**它審視台灣被殖民的歷史**。發掘日據時代台灣反抗史，他認為這種反抗運動，「不但是理論鬥爭，而且含有民族思想、階級意識、政治運動種種色彩。」台灣跟中國大陸都是世界被壓迫的國民革命運動中的重要一支。

二、**它解析台灣與第三世界的關係**。台灣是個黨國—資本結盟的政經體系，由於台灣是第三世界的一部分，這就引出它對「現代化理論」的批判。它認為在這個理論下，國家追求無目的的經濟成長和利潤至上的結果，世界已被污染到不可人居。

三、**鄉土陣線主張現實主義文學**。它要刻畫農人、工人、民族企業家、小商人、自由職業者、公務員、教員、以及所有在工商社會為生活掙扎的各式各樣人。他們認為黃春明、楊青矗、宋澤萊的作品，反映了對這些小人物的同情。

四、**它深刻反省大眾文化**。他們對畫家洪通、民歌、朱銘的雕刻極為推崇。鄉土運動基本

21 郭紀舟，《七〇年代台灣左翼運動》，頁四四八。

上是對本位文化的再體認與再肯定，可糾正當時社會崇洋媚外的「西化」習氣與庸俗化的大眾文化。[22]

鄉土文學論戰一展開，被攻擊的一些文學界名人，包括許多非左翼之重要作家，如彭歌、余光中、王文興、瓊瑤、陳之藩等人全部上榜。這些被批評的作家也開始反擊。有兩人可做代表，一位是彭歌。他在〈不談人性，何有文學〉一文，隱指鄉土文學已成「敵人的工具」：

我不贊成文學淪為政治的工具，我更反對文學淪為敵人的工具。如果不辨善惡，只講階級，不承認普遍的人性，哪裡還有文學？[23]

另一位是余光中，在〈狼來了〉這篇文章，他表示鄉土文學就是主張工農兵文學，根本是在執行毛澤東一九四二年「在延安文藝座談會上的講話」[24]。他的結論是：

說真話的時候已經來到，不見狼而叫「狼來了」，是自擾，見狼而不叫「狼來了」，是膽

22 龔忠武等編，《春雷之後》（貳），頁一五七七——一五九一。
23、同上，頁一四〇六——一四二一。
24 同上，頁一三三五——一三三八。

怯。問題不在帽子，在頭，如果帽子合頭，就不叫「戴帽子」，叫「抓頭」。

在香港的徐復觀教授聲援鄉土派，指余光中不是扣帽子，而是抛血滴子，於是鄉土文學論戰開始白熱化[25]。

由於余光中指控這些鄉土派人士有「為匪作倀」之嫌，他就成了被攻擊的主要對象。陳鼓應指控余的詩具有頹廢意識（如〈蓮的聯想〉）、色情主義（如〈鶴嘴鋤〉）、崇洋辱華思想（如〈敲打樂〉），對於文學、對於青年都有不良影響。陳說：余「視歷史中國為座破塔」，「視中國人為叫化」，而余「自己要做一個國際的盲丐」，總之，「他的作品充其量只是殖民主義化的附庸文學而已。」[26]

一九七七年後半年，鄉土文學論戰有了《中華雜誌》的加入，形成「華夏聯盟」（作者註：王曉波對此聯盟的形容是，新一代的保釣與反日，與老一代的抗日與反日相結合）[27]。

國民黨黨國體系本來對鄉土文學頗具戒心，但胡秋原等人向國民黨保證鄉土文學就是民族文學，所以國民黨決定不予打壓。國防部總政戰部主任王昇於一九七八年一月表示，要團結鄉

25 同上，頁一三三八—一三四〇。
26 同上，頁一三四八—一三七九。
27 郭紀舟，《七〇年代台灣左翼運動》，頁四一六。

土，擴大鄉土之愛為國家之愛、民族之愛，於是「鄉土文學論戰」畫上了一個暫時的休止符。[28]

文化人郭紀舟總結說，鄉土文學論戰是繼承了北美保釣運動在台灣展開的一次左翼運動。他稱讚說：「由於民族主義陣營的掩護，使台灣左翼在階級概念的建構中，出現理論相當豐富、繽紛及奔放的力量，且具批判性強的實踐樣貌。」[29]

華夏聯盟除了在鄉土文學論戰攻擊文學界的當權派，又和教育、學術、主流媒體的當權派發生「現代化論戰」。華夏聯盟認為此些自由主義分子以聯經集團下《中國論壇》為基地，主張「現代化理論」，支持國民黨黨國體系下的政經措施，是向此一體系妥協並獻策，而忽略資本主義及帝國主義對第三世界之侵略等事實。這些自由主義分子，例如李亦園、楊國樞、孫震、胡佛等人，當然予以反擊，指出「現代化」的潮流不可擋，現代化理論是全球性之思想潮流，華夏集團視之為崇洋媚外，實是以偏概全。[30]

由於這批自由主義分子是當權派，此一論戰並未能動搖其地位。事實上，這種論戰，只是重演一九六〇年代在西方世界展開的「依賴理論 vs. 現代化理論」之爭議，也重演在美國保釣運動期間，左右兩派對於此一問題不同的看法。

鄉土文學論戰與現代化論戰，是《夏潮》集團在台灣思想戰場最後一次力量的展現。隨

28 同上，頁二六六。
29 同上，頁三〇三。
30 同上，頁二八〇—三〇二。

著黨外本土派興起，《夏潮》集團的政治生命也逐漸式微。雖然後來有《夏潮論壇》，與目前《海峽評論》之延續香火，但其影響力多只及於其成員與讀者，這就是為何台灣今日整個政治勢力，基本上是以國民黨為主的泛藍力量，和一九八六年成立的民主進步黨所代表的泛綠力量為兩大主流。

《夏潮》這股力量該如何加以評價？王曉波認為《夏潮》為台灣黨外運動有播種的作用：

> 黨外提出來的公共政策幾乎都是《夏潮》提供的。環境問題、原住民、台灣史、鄉土文學，這些都是《夏潮》開創出來的，唯一不被民進黨接受的大概就是反帝國主義，反美、反日，對美日的批判；農民、漁民、勞工、雛妓、弱勢團體的問題，都是《夏潮》開創出來所關心的。所以歷史是公平的話，台灣的反對運動裡《夏潮》雖然只有播種，沒有收穫，但是《夏潮》的影響還是相當大的。[31]

陳芳明教授也指出，《夏潮》以及它所發動的鄉土文學論戰，都滋養並壯大了台灣的本土政治運動：

31 同上，頁四四〇。

如果沒有鄉土文學論戰，就不可能刺激葉石濤繼續建構他的台灣意識論述。如果沒有鄉土文學論戰，葉石濤就不可能在一九八七年完成《台灣文學史綱》。經過論戰的洗禮，台灣文學的理論與研究反而脫胎換骨。許多自稱鄉土派的作家，在論戰中從未爭取發言權，卻因本土化運動的崛起而開始自我命名，從而找到自我定位。論戰中未曾受到重視的葉石濤，由於不懈地建立發言權，在一九九〇年代開枝散葉，根藤蔓延。這樣的歷史發展，是當年論戰參與者始料未及的……黨外民主運動與鄉土文學運動雙軌發展，終於使整個社會找到精神的出口。沒有政治與文學的雙軌批判，台灣是否會延遲掙脫威權體制的囚牢，恐怕是一樁歷史公案。[32]

至於這個左翼運動為何在八〇年代散裂、消失於黨外政治論叢裡？陳映真明白指出：「《夏潮》這運動也是從美國輸入的。它是港台留學生在美國那個環境，而不是在台灣的土壤。在美國受到改變，然後再回到台灣，是從外面打進來的，先天上就有它的缺陷。」他又說：《夏潮》「沒有非常統一的思想，沒有共同的綱領，所以隨著時局的變化失散」[33]。

32 陳芳明，《台灣新文學史》（台北：聯經，二〇一一），頁五五〇—五五一。
33 郭紀舟，《七〇年代台灣左翼運動》，頁四五五—四六一。

## 五・本土政治勢力崛起

在鄉土文學論戰期間，一九七七年發生兩件政治大事。其一是在八月，台灣基督教長老教會認為，美國正與中共關係恢復正常化、台灣有被中共併吞之虞，因此發表宣言主張：「台灣的將來應由台灣一千七百萬住民決定。我們促請政府於此國際情勢危急之際，面對現實，採取有效措施，使台灣成為新而獨立的國家。」[34] 其二是十月地方縣市長選舉，許信良違紀競選桃園縣長並當選，為國民黨開除黨籍，這兩件事加速反對國民黨的黨外勢力的上升。由於《夏潮》系統裡面如陳鼓應等人也加入政治選舉，使《夏潮》系統部分人士加入對抗國民黨體制的聯合陣線。

一九七八年十二月，美國宣布將與台灣斷交、和大陸建交，政府發布緊急處分令，中止立委與國代選舉。一九七九年一月，發生余登發涉嫌參與匪諜案，遭受逮捕，一些黨外人士遊行抗議。二月，《夏潮》被迫停刊。一九七九年是黨外與國民黨嚴格對峙的一年。八月，《美麗島》雜誌創刊，終於在十二月十日發生美麗島事件，該日的遊行是黨外左右兩派（作者註：左派指《夏潮》分子，右派是台獨派）大會合。翌年二月，美麗島審判期間，又發生林義雄母親及兩名女兒被刺死亡、另一女兒遭受重傷事件。四月，施明德被判無期徒刑、黃信介被判十四年、

34 同上，頁三二一—三二二。

另六名黨外人士張俊宏、姚嘉文、林義雄、陳菊、呂秀蓮、林弘宣等被判十二年有期徒刑。這些事件的發生，奠定了黨外反對國民黨統治運動的正當性，而林義雄家族的命案更引起社會廣大的同情及對政府的不滿。從此，黨外抗爭如長江大河，一瀉千里，一直到一九八六年九月，民主進步黨正式成立。

## 六・一九七〇年代的歷史評價

假如我們同意保釣運動在一九七〇年始於北美，其後進入台灣，影響了台灣在一九七〇年代的各種政治與文化運動，那我們對這個美國與台灣的保釣運動，該給予什麼樣的綜合評價？一九九三年，南方朔在〈那時，台灣才長大〉一文中表示，保釣總結來看，對台灣其實是一種還算良性的刺激，刺激起台灣「革新保台」的意願，讓國民黨的「蔣經國時代」提前到來，也讓國民黨有了重建與知識分子為聯合陣線的企圖。他引用朱熹的一首詩來說明他的看法：「昨夜江邊春水生，艨艟巨艦一毛輕。向來枉費推移力，此日中流自在行！」他認為七〇年代為往後的台灣，創造出了能扶起民主自由這艘艨艟巨艦的春水。他同時也指出九〇年代的錯誤：「七〇年代對九〇年代有義務加以提醒：不要因為九〇年代的錯誤而讓七〇年代蒙塵。過去和未來之間，是靠著『不愧前人，無辱後生』這樣的道德義務而並存於現在的啊！」[35] 但南方朔未說明九〇年代有何錯誤。

我同意這樣的分析與看法。我並且認為保釣運動及其後各種發展，可圈可點，因為它加速台灣政治民主化的腳步。許多人指責北美保釣左派人士欠缺理性思維，又未聲援在文革期間受盡苦難的大陸同胞。相對於北美保釣運動的激情與左傾，台灣保釣運動則展現「革新保台」的

35 楊澤主編，《七〇年代理想繼續燃燒》（台北：時報文化，一九九四），頁一一四—一一五。

穩健思維，以及對自由民主的正確追求。西方「救贖的恩典」(saving grace)一詞，我認為可用以形容台灣的保釣運動，因為它也幫助「救贖」了北美的保釣運動。

作家陳若曦在其名著《尹縣長》中，描寫一位留美保釣青年回大陸服務後，向一位大陸同事問起釣魚台的下落，對方回答說：「釣魚台？在北京西部吧？聽說是專門招待高幹和外賓的賓館。」[36]這可見保釣運動在大陸，除了那些「台灣同學會」成員還記得外，對於絕大多數大陸人民而言，一無所知。所以，我認為台灣才是美國保釣運動最後發芽結果的地方。當北美保釣運動走向左傾，台灣胡秋原、南方朔等人，都嚴正駁斥左派的保釣人士，並把台灣的保釣運動帶向追求言論自由、政治民主這條正確的道路，他們及其後的推動者功不可沒，我願向他們致敬。

二〇〇九年十二月，王健壯在〈一支筆，改寫台灣文化史——重讀鄉土文學論戰〉的演講中說：「我們這一輩的人是對七〇年代回顧最多的一代，因為它是台灣『文藝復興』的年代，也是台灣自我意識開始覺醒的年代。有的學者把台灣的七〇年代，定位為台灣的『軸心』年代……也決定台灣此後所有的面貌。參與七〇年代各領域活動的人，到目前為止還是台灣最重要的領導人士。」他也同意把七〇年代稱為「回歸現實的時代」。他指出：一九七四年，「對台灣經濟發展影響最大的十大建設開始推動，在政治上被解讀成國民黨政府結束流亡政府的心

36 陳若曦，《尹縣長》（台北：九歌，二〇〇五），頁一五一—一五二。

態，決定在台灣落地生根。」他對鄉土文學論戰，有如下評論：「最大的影響是文化意識的覺醒，最後滲透到政治意識的覺醒，當然沒人想到結果卻是政治掠奪了文化。」[37]

社會學者蕭阿勤指出，一九七〇年代黨外人士追求民主革新與省籍平等的族群政治與文化，到了八〇年代之後則轉而追求獨立建國的民族主義政治與文化。為何有此演變？他的解釋是，受到美麗島事件以及八〇年代上半葉黨外與國民黨的衝突對抗之影響。他認為，若無此些影響，黨外政治理念與行動是否會在八〇年後快速地激進化，恐怕不無疑問；而八〇年代所發展的「台灣史觀」是否能快速地取代了七〇年代的「中國史觀」，他也認為很難說[38]。

但是這場辯論的結果，有沒有負面或值得檢討的地方？王健壯已指出：「沒有人想到結果是政治掠奪了文化。」前面南方朔也指出九〇年代有些「錯誤」，卻未加說明。但有的學者則明言以告，中央研究院學者王智明在二〇〇七年指出：「七〇年代在風雨飄搖之際，送走了（分裂的）中國，啟動了（分裂的）台灣。」[39] 參與一九七〇年代學生運動的鄭鴻生，在二〇〇七年也感嘆：

37 王健壯，〈一支筆，改寫台灣文化史〉，《印刻文學生活誌》，第七十九期（二〇一〇年三月），頁九八—一〇五。

38 蕭阿勤，《回歸現實》，頁三三〇—三四二。

39 王智明，〈敘述七〇年代——離鄉、祭國、資本化〉，《文化研究》，第五期（二〇〇七年秋季），頁三五。

> 這真是個時代的弔詭。在解嚴二十年後的今天，我們雖然享受著形式上的言論自由，但由於各種新興政治／社會勢力在八十年代之後形構了各色各樣意識型態上的「政治正確性」，像是心靈的緊箍咒，嚴重禁錮了內在的自由……不只文藝創作與思想創新受到影響，台灣追尋理想出路的多重可能性也受到戕害……回顧之下，如今在思想上的萎縮，毋寧是歷史最大的反諷。[40]

鑒於一九八七年台灣解嚴，一九八九年天安門事件，一九九七年及一九九九年港澳回歸，王智明復認為：「七〇年代的意義，不僅僅意味著文化反抗與政治民主的趨勢，同時也是意識型態的解嚴與社會和解的重要一步，更是台灣走向大陸、亞洲以及世界的開始。很不幸的，這似乎也是族群衝突深化與資本剝削加劇的起點。」[41]

---

40 鄭鴻生，〈台灣的文藝復興年代——七十年代初期的思想狀況〉，《思想》，第四期（二〇〇七），頁一〇二。

41 王智明，〈敘述七〇年代——離鄉、祭國、資本化〉，頁四二。

## 七・結語：從「革新保台」到政治民主化

我對於歷史的發展，一向抱著樂觀的態度，尤其是現在已進入一個民智大開的二十一世紀。台灣民主的道路無論如何曲折，證諸西方民主發展的歷史，歷史腳步的前進，是需要過程和時間的。我相信一九七〇年代的保釣運動、鄉土文學論戰、其後的美麗島事件，以及一九八六年民進黨創黨，這都是台灣走向民主大道的里程碑。

個人親身參與北美保釣運動，觀察到國民黨以及政府的作為，無論是《中央日報》在保釣運動初起階段未多加肯定，海外黨工對左派人士打小報告，以及政府駐外人員將左派人士列入黑名單並吊銷他們的護照，我認為都值得檢討。由於他們的行為，使得一部分原本中立的學生和學人走向左傾，而原本左傾的更加投向中共。

另外，根據個人研究，國民黨政府在大陸時期以及一九五〇至一九八〇年代在台灣時期，對知識分子問政或改革要求所做的反應，更值得檢討。

國民黨在大陸時期，主張「黨外無黨、黨內無派」。「黨內無派」，造成一言堂，無法集思廣益，這對黨的決策與方向是有害的。但「黨外無黨」則違背民主政治原則。國民黨對青年黨及民社黨尚願與之合作，但對重要的自由主義分子卻未積極爭取。這些自由主義分子之中，有一批人，或基於對國民黨不滿、或對中共認識不清、或基於政治的投機，而在一九四〇年代開始支持中共革命，許多「民主同盟」人士即是如此。既然中共能夠爭取到民主同盟內這些知識分子，而擁有龐大政治資源的國民黨，為何未去或未能爭取到他們及其他自由派知識分子？這是國民黨在大陸最後失敗的原因之一。

國民黨到了台灣以後，這種「黨內無派、黨外無黨」的作風還是沒有改進。一九五〇年代之白色恐怖，造成政治上一片肅殺之氣，其怨恨延續至今。對雷震、殷海光等自由主義分子，李萬居、吳三連、高玉樹等台籍政治菁英，國民黨均不能容忍。所以當一九六〇年九月，雷震與上述台籍人士籌組中國民主黨時，雷震被以「為匪宣傳，知匪不報」罪名判處十年徒刑。胡適自美向政府發出電文，力陳此一作法必將使政府蒙受摧殘言論自由、入人以罪以及打擊民主之罪名，但其進言無效，中國民主黨夭折。一九六一年李萬居之《公論報》亦遭打壓轉手。另一例子，是一九五七年創刊之《文星》，亦係一本自由主義分子的刊物。該刊前期側重討論文學、藝術與思想，後期則進而批判中國傳統文化與思想，大力提倡民主與科學，最後終遭停刊。

一九六〇年代，政府即對殷海光不斷打壓，不僅向台大施壓使其不能授課，後不准其出國講學，終因胃癌而去世。

到了一九七〇年代，更有著名的台大哲學系教師解聘事件，使台灣自由主義有如風中之燭。雖然有楊國樞等學院派自由主義分子，在教室和媒體抒發一些自由主義思想，希望自由主義在殘酷的政治戰場上，能對不同政治勢力有所規勸與糾正，但其效果有限。所以台灣的政治道路一直是保守與激進兩股力量在做零和遊戲，這也就是一九八〇年代以後，文化與政治從鄉土走向本土，並造成今日泛藍與泛綠對峙與惡鬥的困境。國民黨黨國體制的作為，要對此一發展負很大責任，因為從最終意義而言，掌權者必須對其掌權的結果負責。因此，我認為今後台灣社會要努力的是，在保守與激進、藍與綠之間，要呵護、培植自由主義的第三股力量，也就是讓「公共知識分子」(public intellectuals)與公民社會(civil society)扮演更重要的角色。

不過，我也必須指出，在一九四九年前大陸時期，由於國共兩大勢力過分強大，自由主義能發揮的空間有限。再加上軍閥割據、八年抗日戰爭與國共內戰，知識分子問政空間極為狹小。但是一九四九年後的台灣，自由主義分子問政的空間應該比較寬廣。但是，四百年來的外來勢力對台灣的統治，以及因之產生人民之悲情，恐怕也不是自由主義本身的力量所能規勸或化解。民進黨大老邱義仁曾指出：「我覺得(一九)七五年以後的黨外運動，和先前的《自由中國》、《文星》的自由派傳統銜接得相當有限。」他又說：「一些在短時間內既能擷取人心的政治高調與昂揚的本土化主張淹沒了一切，反對運動和自由派的銜接愈來愈式微。」[42]所以，一九七九年美麗島事件之爆發至二〇〇〇年陳水扁上台的發展，恐屬歷史之必然。雖然如此，假如國民黨政府在台灣不打壓自由主義及其分子，他們多少會產生一些正面功效，而不至於造成今日藍綠徹底的零和遊戲。當然，國民黨政府處理黨外運動的強硬手法，也有很大的檢討空

42《中國時報》，人間副刊，一九九五年七月二十七、二十八日。

間。

總之，我認為台灣從一九七一年保釣運動開始以來，一連串思想多元、政治民主和社會開放的浪潮，加速了台灣社會的轉型。雖然一九七〇年代的「鄉土」被一九八〇年代的「本土」所取代，但我對「本土」的到來並不擔憂。四百年外來勢力對台灣的統治以及因而引起的悲情，一定會造成台灣人民之反撲，這就是本土運動終於在一九七〇年代末期成形，而於二〇〇〇年由民進黨執政。我相信在未來一段不短時期內，這股本土力量還會有其悲情、還會有其憤怒、還會有其族群意識、還會有其地域主義，但是當這一切經過時間的發洩與時代的洗禮後，台灣人民會逐漸恢復正常，一種自信而又理性的「台灣意識」（並非政治意義上之台獨）或台灣生命共同體就會出現。二十一世紀的時代潮流是區域整合（如歐洲聯盟）和全球化，台灣位居東亞之中心，再加上與大陸關係必將逐漸改善，這種新的台灣意識或生命共同體終究會把台灣變成一個較成熟的民主國家，並能和中國大陸達成一定程度的和解和共處。從這個宏觀的角度來看，一九七〇年代確實是一個「軸心」的年代，有其獨特而具開創性的意義，而台灣的保釣運動及其後續的政治革新與民主運動，對台灣日後的進步與壯大都有極其重要的貢獻。

｜展望兼總結｜

# 今後保衛釣魚台的方向

二〇一一年九月二日，中華民國外交部與國立政治大學，共同舉辦「第三屆釣魚台列嶼國際學術研討會」，我時任行政院北美事務協調委員會主任委員，應邀致會議開幕詞。

我的致詞主要論點，是說明釣魚台並非只是中日兩國法律與經濟利益的爭論，它更是牽涉中日兩國歷史關係之問題。

我指出，自十六世紀以來，日本對中國即不斷採取以下侵略之構想與行動：

一、一五九三年，日本豐臣秀吉將軍對於中國即有如下的野心：「北攻朝鮮，進取滿洲，下遼東長城，猶如蠍首之螯；往南則直取琉球，進占台灣，再據以進逼福建、浙江，攻取南京，台灣即是此戰略中的蠍尾螯針。」

二、一八七四年發生牡丹社事件。日本以台灣原住民曾殺害琉球船難人民之理由，出兵台灣，日本宣稱台灣是「生番之地」、「無主之地」。

三、一八九四年，中日發生甲午戰爭，日本自中國取得台灣、澎湖以及其附屬島嶼。

四、一八九五年，日本竊占釣魚台。

五、一九三一年，日本發動九一八事變，成立滿洲國。

六、一九三七年七月，日本製造盧溝橋事變，造成中日八年戰爭。

七、一九七〇年，日本政府以外交照會告知我國，日本擁有釣魚台主權。

綜上所述，對中國政府與人民而言，日本主張擁有釣魚台主權，引起中國人民強烈的憤怒，並造成一九七一年，在美國、台灣、香港所展開的保衛釣魚台運動。因此，在中國政府人民心目中，釣魚台爭議是日本近百年侵略中國歷史上之最新行動，日本必須從此角度處理此一爭議，而不應只以國際法的論點來主張其主權[1]。

同月，台灣清華大學舉行「東亞脈絡下的釣魚台：保釣精神的繼承與轉化」會議。中央研究院助研究員王智明提出〈一九九〇年代後的釣運：兩岸三地的交流與合流〉論文，內中引述一位台灣年輕記者劉美好無法認同四十年前保釣運動之大中國主義。劉美好指出：

> 回到當年的時代脈絡，愛國的這個「國」毫無疑問的指稱「中國」。四十年後本土化認同已經占了至少半數人口比例，因而當我聽見老保釣人以非常絕對的中國人認同強調其統派政治態度時，就因自己的台灣人認同而直覺產生不可避免的違和感——而這或許也正是台灣多數年輕人不可能進入保釣論述、進而關心保釣運動之因。

她認為：

1 國立政治大學當代日本研究中心主編，《保釣運動四十年——釣魚台問題的歷史地位與東亞區域安全》（台北：國立政治大學當代日本研究中心，二〇一一），頁一—五。

過去二十年台灣社會的變化，現實上已經無法由簡單無爭議的「我們都是中國人」的認同概念出發；釣運要能重新走進台灣社會，與不同的社運勢力對話與連結，有待於老保釣們放下「占有」（島嶼）與「召喚」的父權姿態，重新認識與回應當代台灣的社會環境與問題。[2]

王智明之後提出一種「批判區域主義」，希望牽涉釣魚台爭議的各方，走出各自民族主義而尋求互相合作，共享釣魚台資源，以解決此一懸案：

> 更需要滋養的是一種批判區域主義（critical regionalism）的胸懷——一種為了環境正義、尋求共生，而願意放棄民族本位優先性的思維——因為父權的民族主義往往是土地的敵人而不是朋友。在這個意義上，保釣的民族主義召喚是蒼白而無力的。它必須走出民族主義的神話，放棄釣魚台的資源與開發論述，才有可能與當代台灣接軌。
>
> 事實上，姑且不論大陸層礁架的延伸如何證明釣魚台的主權歸屬，釣魚台海域長久以來確實是周邊漁民（包括沖繩與台灣）的生活範圍。對他們來說，大海沒有疆界，魚群也不會遇到國界而轉彎。作為一個經濟生活領域而言，釣魚台是跨越疆界的；作為太平洋生態的一部分，它

---

2 王智明，〈一九九〇年代的釣運——兩岸三地的交流與合流〉，收入《東亞脈絡下的釣魚台——保釣精神的繼承與轉化會議手冊》（新竹：清華大學，二〇一一），頁一二一。

沒有、也不必擁有一個國家的身分。歸屬與疆域本是人為的想像，不是自然的狀態……在海洋主權爭議不斷、天然災禍頻發的今天，也許只有從要求和平、環保以及去國族觀點出發的保釣運動，才能真正的保住釣魚台，也才能夠打破民族主義的魔咒，走向一個互敬互重、對話合作的東亞。[3]

我雖然同意王智明先生這種思維，讓釣魚台海域成為周邊漁民的生活範圍，但我認為釣魚台的資源與開發，只要不破壞生態，成果共享，並不需要加以排斥，此事應由各爭端國加以研究處理。

二〇一二年四月，日本東京都知事石原慎太郎主張由東京都購買尖閣群島，七月，日本首相野田佳彥宣布將該群島國有化，引起中、日、台三方關係陷入緊張狀態，在大陸八十餘城市發生反日遊行示威。

八月五日，馬英九總統提出「東海和平倡議」，主張應擱置爭議，以和平方式處理爭端，合作開發東海資源。他復建議：台灣、中國大陸與日本可以從「三組雙邊對話」（台灣與日本、台灣與中國大陸、日本與中國大陸）開始，再邁向「一組三邊協商」。他也希望美國政府與人民支持此一倡義。所以，中華民國外交部後在美國《紐約時報》、《華盛頓郵報》、《華爾街日

3 同上，頁一二一。

報》及《洛杉磯時報》刊登全版廣告說明。

九月二十八日，日本反右翼人士發表「終止『領土問題』惡性循環——日本市民的主張」，有一千名以上的連署人，包括諾貝爾文學獎得主大江健三郎。他們首先指出，日本是趁甲午戰爭落幕後，將尖閣群島（中國名「釣魚島」，台灣名「釣魚台」）納入日本領土；日本應停止「領土問題不存在」等虛構性認知以及放棄「固有領土」這種不可能概念。然後他們響應馬英九總統之「東海和平倡議」，認為是「極為冷靜、合理性的提案」。他們的基本主張是：

> ——雖主權無法分割，但包含漁業等的資源是可共同開發、管理來做分配的。不可只圍繞於主權上的衝突，為了達到資源分享、利益共享應該要對話與協議。我們必須將引發領土民族主義紛爭的種子，轉換成地區合作的力量。
>
> ——最後，我們建議，「領土」問題並不僅存在政府之間，更存在於日、中、韓、沖繩、台灣之間的民間層次，後者也應建立起重視誠意和互信的未來對話架構。[4]

同日，日本名作家村上春樹以〈神髓交流之路〉一文，投書《朝日新聞》，內中他主張維護「東亞文化圈」，以使東亞人民的靈魂得以交流：

---

4〈終止「領土問題」的惡性循環！〉，http://www.annie.ne.jp/~kenpou/seimei/seimei165zh.pdf。

這二十年來，在東亞所達成最令人喜悅的事情之一，就是在此的固有「文化圈」逐漸形成。造成這一狀況的主要原因之一大概就是中國大陸、韓國、台灣的經濟成長。正因為各國的經濟體系逐步強化，文化才能進行等價交換，很多文化成果（智慧財產）得以跨越國界彼此往來……

這一「東亞文化圈」已逐步成為豐富、安定的市場且逐漸成熟……在這個市場範圍內，音樂、文學、電影、電視節目，基本上已經能自由地等價交換，取悅多數人的耳目。這不得不說是非常值得稱許的成果……

我們可以這樣期待：安定的交流若能持續下去，我們和東亞鄰國間所存在的種種懸案，縱使仍要花上時間，但也畢竟是朝著解決的方向進行著。文化交流的一個重要目的，能讓我們認識到「我們是語言不同但情感與共的人類」。這就是所謂跨越國界靈魂交流的道理。[5]

十月六日，來自中國大陸、台灣、日本、韓國等國民間學者、專家與和平人士數十位，聚集台北，舉辦「民間東亞論壇」。事後發表「面對歷史、解決爭議、邁向和平聲明」，內中頗有新意，他們想先集合各國民間心力來促進東亞和平，並清理歷史遺留的問題。他們呼籲：

5 村上春樹，〈小心暢飲劣酒煽動的政客名嘴〉，ET Today 新聞雲，http://www.ettoday.net/news/20120928/108483.htm。

一、爭議島嶼應轉化為「邊境交流圈」、「鄰近居民生活圈」與「東亞非武裝區」的建立，有助於化解領土爭議以及增強區域的相互依存與理解。

二、各地民眾應督促各國政府，在面對領土問題時，對內疏導民族情緒，對外切實抑制軍事暴力傾向。

三、支持沖繩、日本與韓國居民反對美軍基地的抗爭，要求各國政府共同簽署「區域性和平安全協定」，以建立整體的區域互信與和平機制，朝區域的去武裝化方向推進，並呼籲美國政府撤回境外軍事基地，與東亞各國平等交往，以解決「美軍基地在東亞」所形成的種種問題。

四、徹底清理十九世紀以降區域歷史遺留至今的各種衝突與矛盾，包括錯綜複雜的「中日問題」、「兩韓問題」與「兩岸問題」等，才能看清楚當前的區域狀況是如何受到戰前日本帝國主義、戰後美國新殖民主義、以及全球冷戰與資本結構的相互制約。[6]

根據以上所述，這些東亞各國社會睿智並有遠見人士之意見，均有助於釣魚台問題之解決，使東亞成為一個和平、互相交流並共同繁榮的地區，有如歐盟一樣，這應是一個最理想的

6 〈面對歷史，解決爭議，邁向和平：「民間東亞論壇」聲明〉，http://www.annie.ne.jp/~kenpou/seimei/seimei166zh.pdf。

境界。

目前，中國大陸與日本為釣魚台群島爭議已劍拔弩張，戰雲密布。今日中國、日本、台灣三地，無論在政治、經濟、文化、社會多方面發展，已產生互相依存的關係。如果中、日發生戰爭，無論何方勝利，其後果將對雙方以及整個東亞地區產生無可彌補之後果。再加上，美國和日本簽有「美日安保條約」，而美國政府多次宣稱該條約將尖閣群島包括在內，故如中、日一旦開戰，美國勢必參戰，如此三方大戰將對東亞地區造成重大傷害，其後果不知何日得以彌平。

個人認為此次爭議，全來自日本今年單方面破壞和中國大陸在一九七〇年代所達成之諒解，即雙方擱置釣魚台爭議。所以，為平息爭議，日本政府應首先承認釣魚台主權存在爭議，並解釋其國有化行動並無改變釣魚台現況之意，然後表示願意和中國大陸與台灣會商，擱置主權爭議，並研究在不破壞其生態下，如何進行開發並共享其資源。

一九三四年十二月，中華民國蔣中正委員長，鑒於日本增兵華北，中日局勢益趨危急，為求打開僵局，發表著名的〈敵乎？友乎？〉一文，對日本朝野做最後之忠告。他在該文結論中指出：

我以為日人應知前路荊棘，皆由日本所自造，及此回頭，坦途立現於俄頃，中國古語說：「解鈴還須繫鈴人」，所以打開難關的責任，畢竟還須日本來承當……究竟相互為敵……還是恢復友好……這就要看兩國，尤其日本國民與當局有沒有直認事實，懸崖勒馬的勇氣，以廓清障蔽，謀及久遠的和平。

假如當年日本朝野能善納蔣中正先生之忠告，中日兩國哪會發生其後八年慘烈的戰爭？時隔七十八年之後，如果日本如石原知事等右翼分子以及毫無遠見之野田首相者流，還繼續堅持不存有尖閣群島之爭議，並在國際社會大肆宣揚該群島乃日本依據國際法取得之「固有領土」，則中日一戰，似不可免。但如日本朝野能遵循大江健三郎、村上春樹等具有歷史感、有和平善念以及認同東亞共同生活圈人士之建言，而與中國大陸及台灣攜手合作，共創美好未來，則此一島嶼爭議可以立刻化解。敵乎？友乎？再請日本朝野三思！

# 跋

在撰寫本書期間，我得到了很多朋友的協助，否則本書不可能有目前的內容與風貌。

本書原是本人回憶錄——《化作春泥更護花——我的台灣、美國與大陸歲月》之一章。信筆寫來，超過五萬字，如放入回憶錄中，所占篇幅過多，將排擠其他章節。在不知如何處理之際，首先請教張作錦兄（他曾任《聯合報》總編輯與社長，有處理文字之豐富經驗）。他立刻建議自該章擷取兩萬字放入回憶錄，其餘部分可再發揮，另行出書。近年來，釣魚台風雲一再掀起，更勾起我對當年保釣運動的回憶，所以，這兩年來我又再做一些研究，使本書內容更為充實。

美國保釣運動時期，保釣運動的重要據點有三：一是在紐約的哥倫比亞大學，一個是美國中西部的芝加哥大學，另一個是西部的加州大學柏克萊校區。因為我身在中西部，對美東保釣運動並不熟悉，所以本書原稿曾請兩位對美東釣運有深切認識人士加以審閱：一位是前東吳大學校長、現任該校物理系教授劉源俊；另外一位是李雅明教授，他當年在美國馬里蘭大學就讀，後回台出任台灣國立清華大學教授。他們兩位都很費心審稿並提出高見，至為感謝。尤其要感謝劉校長，他提供多年珍藏有關保釣運動的圖片，為本書增光不少。

其次要感謝前香港科技大學人文社會科學院院長齊錫生教授，他是我芝大的學長，畢業於該校政治系。一九七一年九月，我們都參加了在安娜堡的國是大會。他看完我的原稿後說，「你處理當年保釣運動太過『溫良恭儉讓』」；然後他以八字「掏肝拋肺，淋漓盡致」來勉勵我：「你已年逾七十，來日無多，既然要寫書，就應坦率直言，這樣才不辜負讀者。」這句話，是本書從原來五萬多字變成今日十萬言的主要原因。錫生兄曾經參與香港科技大學的創校工作，他對保釣人士參與創校之經過，給我很多重要的說明。

本書之能蒐集許多珍貴中外資料，首先要向「美國在台協會」(American Institute in Taiwan)台北文化中心之王梅馨與曹惠玲兩位小姐致謝。她們提供我美國國務院出版之 *"Foreign Relations of the United States, 1962-1972"* 中，許多關於釣魚台的資料。其次，美國加州「尼克森總統圖書館」的白格魯(Ryan Pettigrew)先生，他提供尼克森總統和季辛吉國家安全助理有關處理釣魚台之會議錄音帶。由於該錄音帶錄音品質不佳，我還請我行政院新聞局的老同事石傳德(Fred Steiner)將之繕打。要是沒有以上資料，我無法了解美國政府處理釣魚台決策之思考。

其次，我要謝謝中央研究院近代史研究所的協助，使我能閱讀上萬頁的原始檔案，我才了解當時黨政高層的思維與決定。

本書能夠引用蔣中正總統日記中少許有關釣魚台之文字，這要感謝美國史丹佛大學胡佛研究所宋曹琍璇女士的協助，以及蔣方智怡女士的同意。

前行政院新聞局副局長顏榮昌先生，曾校對原稿兩次並予潤色，至為感謝。中國文化大學政治研究所葉芝秀小姐，她不僅繕打本書的每一個字，並且赴許多圖書館，為我找到許多重要資料，她是完成本書一大功臣。

最後，本人特別要感謝聯經出版公司之發行人林載爵先生，他是一位歷史學者，也曾參加一九七〇年代在台灣之保釣運動，承他不棄，慨允出版本書。該公司主編林雲小姐，細心處理本書編務，另外，翁雪凌小姐也給本書許多協助。

當年血氣方剛，參加保釣運動，現已進入暮年，但釣魚台爭議不僅未解，竟又煙硝四起，展望未來，甚為憂心。

本人一生學史，希望本書能夠還原歷史真相，使國人對當年那段歷史有所了解，並有助於今後釣魚台問題之解決。

# 附錄一　釣魚台運動在中國現代史的意義

——演講發表於二〇〇九年五月二日國立清華大學（新竹）舉辦的「一九七〇年代保釣運動文獻之編印與解讀國際論壇」

我平生很少做類似今天這樣最後的「告解」，在釣魚台運動三十八年之後，我能站在清華大學來談這個運動，這在我人生是一件非常有意義的事。

「江湖催人老」。我一九六五年到美國留學，一九六六年發生文化大革命，我當時就讀由塔夫茲大學與哈佛大學合辦的「佛萊契爾法律外交學院」（Fletcher School of Law and Diplomacy）。有的美國人問我什麼是文化大革命？我講不出來；問我中國共產黨歷史，我不清楚；問我為何大陸淪陷（或解放），我無言以對。我作為一個中國人，不知道中國的前途在哪，也不知道中國現代史的來龍去脈，因為台灣當年的反共教育，教到五四運動以後就不再教了，因為五四以後多是國民黨倒楣的事。受到這些刺激，在我決定念博士學位的時候，要加念中國現代史。由於我對美國洋人學者對中國問題看法信心不大，所以我就選擇了芝加哥大學。那裡有兩位中國教授很有名，一位是何炳棣先生，一位是鄒讜先生。到芝加哥大學念書後，我主修美國歷史，然後特別選了兩門課，一門為中國現代史、一門為中國左翼文學。我要念遍所有魯迅、巴金、曹禺這些人的書，念遍《毛澤東選集》每一篇文章，看看最後我是左還是右，我是以這樣的心情進入芝加哥大學的。結果念完後，我卻比以前更右了。我與在座的林孝信兄是芝加哥大學的同學。一九七一年，我們芝加哥大學校園，中國同學們常常辯論中國現代史有關問題。我為了要辯論，真的把《毛澤東選集》的每一篇文章都念了。我也上溯研究列寧的革命運動（後來我也教過俄國現代史）。我愈研究，愈發現文化大革命是一個重大的民族悲劇，所以我比以前更右。

**保釣運動**

我曾親自參與一九七一年密西根大學安娜堡舉行的「國是會議」，但我是少數派。我講一、二個插曲。一去就要唱〈東方紅〉，我覺得「東方出了個紅太陽」肉麻了點，我也不會唱，所以我就沒有唱。接著，有人希望我念《毛語錄》，我也拒絕。結果因為不會唱〈東方紅〉、不願意念《毛語錄》，就被包圍了起來。誰被包圍？一個是沈君山先生（前清華大學校長）、一個是我。包圍後，有人說：「你們兩個是漢奸。」我覺得奇怪，我怎麼會變成漢奸？我說我是堂堂正正的中國人。他說：「你不唱〈東方紅〉，不念《毛語錄》就是反毛；反毛就是反華；反華就是漢奸！」一個中國知識分子居然有這樣簡單的邏輯，我覺得很悲哀。美國政壇常講一句話：「我不是不愛國，我只是愛國的方法跟你不一樣。」當時釣魚台運動，在海外幾萬個中國知識分子，第一次在壓力之下，要做一個內心的省思，對自己從何而來、今後往何而去，都必須做一個決定，而且還要選邊站。

一九七〇年代在美國的中國知識分子，可大致分為四派：第一派就是「美國派」。什麼叫「美國派」？就是拿三P：Ph.D.、P.R.（永久居留證）、Property，做美國人，此派人數最多，留在美國生活。第二派就是「回歸派」(回歸中國大陸)，這一派在美國當時喊的人很多、真正回去的很少，在一九七〇年代，回去的只有十人左右，其中有人又出來了，像陳若曦夫婦就是例子。第三派是「革新保台派」，這一派人數，最後證明次多，僅次於美國派，在一九七〇年代之後都陸續回台服務。第四派是「台獨派」，人數應不算少，但大多數人一直定居美國。這四派，涇渭分明，人各有志，都應尊重。我的朋友中也有台獨人士，我尊重他們的選擇，他們也尊重我的選擇。另外，假如把港澳留美學生也算為一派的話，他們人數不多，其中左傾的較多，他們最後有的留在美國，有的回到港澳[1]。

我對「革新保台派」，必須要講幾句話。我從一九七三年到一九八二年，在印第安那州的聖母大學教書，因為在台灣找不到教書工作，一教就是十年，也拿到終身職(tenure)。在這段期間，我曾兩次回到台灣，只能到中央研究院美國研究所做客座研究員二次，一次三個月、一次六個月，然後就得走路。台灣一九八〇年代的科學園區，帶來的第二次經濟起飛，然後台灣展開政治民主化、經濟自由化、社會開放化。在這些國家現代化的運動中，其中有一部分推動的

1 李雅明教授則有另一種分法。他說：「經歷過一九七〇年代保釣運動的人都知道，當時其實有兩個運動同時在進行。一個是愛國保土運動，一個就是關於中國未來方向的政治運動。所以海外的保釣運動，仔細分析起來，可以用『兩個運動，四個方向』來說明。兩個運動就是愛國保土運動和政治方向的運動。而四個方向就是左派、右派、自由派和台獨派。這樣講會比較全面。前三派都在保釣運動中有過重要的作用。台獨派則基本上沒有參加保釣運動。」見其二〇一一年四月九日在台灣世新大學舉辦之「理想還在召喚——保釣四十週年」會議之發言稿（尚未出版）。

力量，來自一大群回國的知識分子。因為經過釣魚台運動，大家都做了選擇，我們這一派決定回台灣，為國家服務。我們認為台灣有許多缺點，但我們應盡量努力，使其更民主、更自由、更開放，我們不能留在美國置身事外。

## 知識分子不能逃避歷史的責任

保釣的意義，是讓中國的知識分子不能逃避歷史的責任。一九六八年，我到芝加哥大學念書時，反越戰、男女平權、大社會(Great Society)、種族平等、反主流文化(counter-culture)等運動，都在考驗每一個美國知識分子。但作為一個中國人，我有更大的壓力，就是在中國的政治紛爭中，我該站在哪邊？我只有一個答案：因為我來自於台灣，我的一切是台灣的父母、土地、人民、甚至於政府所給我的，我心甘情願為她服務，所以我回國了。

因為時間的關係，我做以下幾點結論。

第一、假如各位有興趣，我推薦各位去看幾本書。第一本是張戎寫的《鴻——三代中國女人的故事》。這本書可以看到一般教科書看不到的中國現代史，書中是她們張家三代在中國現代史中走過的路，我看了非常感動。第二本是劉再復、李澤厚寫的《告別革命》，現代中國一直在革命，總算到鄧小平起來後不再革命了。

第二、三年前，連戰先生到北大演講，大陸中央電視台請我去評論。連先生談到一九一九年胡適之與李大釗的辯論。胡適之先生主張，「多研究問題，少談些主義。」李大釗正好相反，就是主張共產主義與階級鬥爭，後來毛澤東更講「不斷革命論」，這開啟了二十世紀中國裡自由主義與共產主義的分野。

第三、大陸有些知識分子對台灣愈來愈有興趣。例如上海大學歷史系教授朱學勤。他們與龍應台女士互相激勵，他們是繼承了自由主義的路線。九年前，朱先生在台灣《聯合文學》寫了一篇文章。他的大意是：他到了台灣，走進大街小巷，聽到各種不同語音的普通話，覺得非常親切，他說他突然看到一個傳統的中國，將中國文化保護得那麼好。他又說：「我在飛機上看到台灣這個島，那麼翠綠、那麼讓人心疼、讓人心憂……台灣代表過去的中國，也代表未來的中國。」我讀後很感動。最近，我與一位北京語言大學的教授一起吃飯。席間，他發表意見說：「我看到台灣的政治民主，很了不起。大陸政府常說：中國人的傳統與民族性不適合民主；但是台灣做到了，台灣在很多方面代表未來的中國。」這些話帶給我很大的鼓勵。我個人認為，台灣在中國長遠未來的發展上，政治民主化將是讓大陸參考的重要資產。香港在經濟與教育的發展上也值得大陸參考。香港從一塊寸草不生的岩石，在跟英國合作一百五十多年後，從小漁村變成東方明珠。在教育發展上，香港大學、科技大學、中文大學相當出色。大陸在一九七八年改革開放後有今天的成就，我非常敬佩十幾億老百姓的努力。

第四、我們這些知識分子都是所謂的「優渥階級」（privileged class），我們在國外拿到高級學位，現在各行各業都有立足之地。可是我們有沒有想過：從一九五七年反右派鬥爭到一九七六年文化大革命結束，這二十年中國老百姓是怎麼過的？一九九八年我到上海，陪我參訪的一位黃女士告訴我：「邵先生，我曾到你的家鄉北大荒。」我嚇一跳說：「妳怎麼會到我的家鄉去？」她說：「文革的時候，被命令下鄉。」她那時在上海華東師範大學念書，到北大荒一晃十年，她又回到上海。她說：「我這十年的青春就這樣沒了，不像你，還可以到美國念書、教書，回台灣做事。」我說：「那妳對這十年逝去的青春有怎樣的看法？」她苦笑無奈地說：「我又能有什麼看法？」三年前我到新疆去旅遊，遇到很多從上海去的「新疆生產建設兵團」人士。他們當年二十多歲到新疆，一晃眼他們已是六、七十歲了。他們剛去時，在那裡非常辛苦，蓋自己的房子、耕自己的地、為的是守衛著中國西邊的一片疆土。但是，他們的辛苦我們知道嗎？我們又為大陸做了什麼？

當一九五七到一九七六這二十年，中國人最痛苦的時候，有許多在美國的中國知識分子，在一九七〇年代對大陸政權歌功頌德、唱〈東方紅〉。請問那些千千萬萬的中國老百姓，他們的痛苦向誰去算？記得一九七八、七九年大陸恢復考大學，成千上萬的學生重新拾起書本，他們欣喜若狂。請問，他們失去的青春又向誰去追討？所以我覺得二十世紀的中國知識分子很悲哀。馬克思主義先傳到日本，我們到日本留學，把馬克思主義傳到中國。二十世紀有哪些國家接受共產主義？只有蘇聯、北韓、北越、古巴，還有東歐的一些附庸國家被強迫接受。我們自命有五千年文化、是一有智慧的民族，但我們讓我們民族在那二十年受到那麼大的傷害，我們對得起那些善良的老百姓嗎？

我必須說，為了中華民族的未來，台灣在民主上、香港與新加坡在經濟上，還有北美等地高級知識分子在專業上，都應該化作春泥更護花，來灌溉祖國的土地與人民。另外，我們還要向這些同胞深深的一鞠躬道歉，為我們的無知和我們的置身事外道歉！我覺得作為中國人，我們對中國要有感情、但不能衝動，要有理智，我們對人民要有純潔的愛。所以我讀章詒和女士的《往事並不如煙》，也很感動，因為在一九五〇年代，這些自由主義分子在大陸受到很大的傷害。我在芝加哥大學時，鄒讜教授跟我說了一句話讓我非常震撼。我問他：「您覺得二十世紀中國知識分子最大的特點是什麼？」他問我：「你說呢？」我說：「憂時、傷國。」他笑笑，說：「你還太年輕，太純潔。二十世紀中國知識分子最大的特點是『投機』。」他又說：「你回去研究兩個人，一位是吳晗，他是一個原本支持中共的自由主義者；另一位是鄧拓，《人民日報》總編輯，是共產主義分子。這兩人（再加上廖沫沙）在一九六〇年代合寫了《三家村札記》來批評毛澤東。一個是自由主義覺醒者，另一個是共產主義覺醒者，他們最後一齊反毛，很值得我們玩味。」

我覺得在美國念書參加過釣魚台運動的知識分子，無論今日你身在何處，今天都有反省的空間。我也反省過，我也一直在為彌補我對國家民族的失責而努力，謝謝各位。

註：本演講收錄於謝小芩等主編，《啟蒙・狂飆・反思——保釣運動四十年》（新竹：清華大學，二〇一〇），頁二九八—三〇三。內中有些部分已見於本書，故加刪減。

# 附錄二　邵家兩代保釣

保釣運動，只是我個人當年旅美的一段經歷，但我萬萬沒想到，保釣運動使我家意外出了一位研究釣魚台主權爭議的學者。小兒漢儀，在我任教美國聖母大學時出生。一九八二年底，他以八歲幼齡隨我回台灣服務。他在台灣念畢小學及國中以後，到美國念高中，並進入芝加哥大學政治系攻讀。有年暑假回台，在我的書架上看到我於一九九一年主編的《風雲的年代——保釣運動及留學生涯之回憶》，他對當年這些台灣留學生為保釣所付出的努力甚為感動。所以，他在芝大大四畢業論文，即以釣魚台主權爭議為題目。

一九九七年，他於芝大畢業後，到美國史丹佛大學在日本所設「京都日本研究中心」留學一年。他利用課餘之便，前往東京的外務省外交史料館、國立公文館等處所，細讀一八八五年至一八九五年的明治時期官方文書，從這些文書中，他發現當時明治政府竊取釣魚台之證據。

根據這些證據，他以英文撰寫《釣魚台列嶼／尖閣群島爭議及其歷史——論中華人民共和國、中華民國和日本的主權與主張》文稿，為美國馬里蘭大學法學院丘宏達教授所欣賞，於一九九一年，由該院將之出版[1]。英國倫敦大學法學院迪恩斯(Phil Deans)教授曾於劍橋大學出版的

---

1 Han-yi Shaw, *The Diaoyutai/Senkaku Islands Dispute: Its History and an Analysis of the Ownership Claims of the*

《China Quarterly》中寫書評，指稱該書為一「平衡而公允」之作[2]。

二〇〇九年，漢儀赴哥倫比亞大學攻讀碩士學位，他的碩士論文又以釣魚台主權爭議為題材，並首次公開了日本防衛省防衛研究所圖書館所藏許多明治官方密件。該論文經過增補，在二〇一〇年發表於台灣的《中國國際法學會英文年鑑》（第九五至一六八頁）[3]。

漢儀對釣魚台之研究，具有幾大特點：第一，多年來台灣以及大陸學者，多引用中方資料以證明中國擁有釣魚台主權，他則多使用日方原始資料，尤其是明治時期官方文書，來證明明治政府明知釣魚台為清朝屬地，並非所謂無主地，故日本於一八九五年一月併吞該島為一「竊取行為」；第二，日本外務省在一九七二年發表之「尖閣群島領有權之統一見解」中，堅稱明治政府從一八八五至一八九五年期間，曾「再三」勘察該群島。他所獲日本文件證明，沖繩縣政府僅在一八八五年勘察過一次而已，外務省並因之認定釣魚台列嶼為「台灣近傍清朝所屬之島嶼」；第三，他強調我方必須正視日本與西方對於部分中方論證可議之處的指摘，進而適切修正不妥之處。他特別強調我方應著重清朝的歷史文獻，而非明朝。國際法重視的是時效

*P.R.C., R.O.C., and Japan*（Baltimore, MD: School of Law, University of Maryland, 1999）.

2 *China Quarterly,* September 2000, pp.858-859.

3 Han-yi Shaw, "Revisiting the Diaoyutai/Senkaku Islands Dispute: Examining Legal Claims and New Historical Evidence under International Law and the Traditional East Asian World Order," *in Chinese(Taiwan)Yearbook of International Law and Affairs,* Vol. 26（2008）, pp.95-168.

管轄，而非僅僅發現命名，因此最有效的歷史文獻是清代以降的《使琉球錄》以及地方編修的台灣「地方志」。前者描述了中琉兩國的境界為史稱「黑水溝」之處，後者體現了清代視釣魚台隸屬台灣的噶瑪蘭廳（今宜蘭縣）。對於清代文獻的追蹤，他從台北故宮博物院的館藏，亦有十分重要的斬獲。第四，他對於現代國際法與傳統東亞秩序之間的關係亦有深入分析。日方學者多以國際法角度加以討論，卻對於爭議緣起之特殊歷史背景及時空意義避重就輕。從大歷史觀之，釣魚台主權爭議之根本問題，是十九世紀中葉以後，「傳統東亞秩序」與西方的「近代國際秩序」之間的衝突所致。當時正值日本明治時期，日本藉由源於西方的「近代國際法」重新對其固有領土予以詮釋，進而藉之擴張領土與侵略周邊國家領土。而在中國則繼續沿用「傳統東亞秩序」來定義其本身與其東亞屬國之主權與宗屬關係，以及其固有疆域。他復指出，近年來國際司法逐漸重視「地域性的傳統國際秩序」，例如常設仲裁法院（Permanent Court of Arbitration）對一九九九年「葉門、厄利垂亞（Eritrea）劃界仲裁案」，即採取此一觀點。最後，他對於二次世界大戰後，我方未能及時對於美方託管釣魚台一事表示異議，亦提出合宜詮釋。

美國紐約大學法學院著名教授孔傑榮（Jerome A. Cohen）及夏威夷大學范戴克（Jon M. Van Dyke）教授，於二〇一〇年十一月，在香港的《南華早報》與台灣的《中國時報》撰文，指出漢儀尋得數份日本官方文件，證實「日本對這片群島的主權主張，是建立在對十九世紀晚期歷史的扭曲之上，這在國際社會中完全站不住腳」[4]。

馬英九總統當年在哈佛大學的博士論文亦有關釣魚台，對漢儀之研究曾表嘉許。二〇一〇年，國立政治大學「國際法學研究中心」聘請他出任該中心研究員。

二〇一一年，漢儀應中華民國政府之邀請，參與撰寫〈中華民國對釣魚台列嶼主權爭議的立場與主張〉之說帖，該說帖於同年五月，由外交部置於外交部網站，這是繼日本外務省於一九七二年公布〈對尖閣群島主權之基本見解〉四十年之後，中華民國外交部正式提出此一完整說帖。

二〇一二年四月起，日本東京都知事石原慎太郎，竟向日本民間募資，聲稱將向目前擁有釣魚台的日本民間人士購買釣魚台中數個小島。漢儀於五月三日在美國《華爾街日報》撰文加以駁斥[5]。美國主流媒體鮮少刊登釣魚台爭議文章，此次能予刊登，恐係保釣運動四十年以來，首次刊登對我方有利之文章。

九月十九日，漢儀在《紐約時報》專欄作家紀思道（Nicholas Kristof，曾獲普立茲獎）部落格，發表"The Inconvenient Truth Behind the Diaoyu/ Senkaku Islands"（釣魚台／尖閣群島難以示人之真相），批評日本竊占釣魚台。紀思道在文章之前，加註評語：我很同情中方立場……從許多

---

4 孔傑榮，〈釣魚台是顆不定時炸彈〉，《中國時報》，二〇一〇年十一月十一日A二十三版。

5 Han-yi Shaw, "Japan's Dubious Claim to the Diaoyus," *Wall Street Journal*（Asian Edition）（May 3, 2012）.

當年日本政府文件，可看出日本事實上是在一八九五戰爭中，把這些群島當作戰利品竊走。紀思道刊登漢儀文章又加上有利我方評語，引起日本外務省對其抗議[6]。同月，漢儀投書《聯合報》表示，為了因應日方的宣傳戰，政府對外宣傳刻不容緩。

十月十日，中華民國政府在《紐約日報》、《華爾街日報》、《華盛頓郵報》及《洛杉磯時報》刊登整版廣告，述說我方主權立場及闡釋馬英九總統八月四日所提「東海和平倡議」，漢儀亦奉命撰寫此一廣告說帖。目前他正努力將多年之研究，以中文撰寫專書，不久將公諸於世。

漢儀服務於美國微軟公司總部，擔任設計總監工作。過去十餘年來，假期之餘，他經常往來於美國、日本、琉球、台灣與中國大陸之圖書館，找尋原始資料，他並花費三年，學習日本十九世紀盛行的「候文」文體，以便研讀日本明治時期之官方文件。所以，我常和一些保釣伙伴誇口說，我們邵家是兩代保釣，不落人後。漢儀亦因為對釣魚台長達十餘年之研究與癡迷，被其好友建議他「不如搬到釣魚台上去住」！

---

6 "The Inconvenient Truth Behind the Diaoyu/Senkaku Islands," (Sept. 19, 2012, Sept. 20, 2012), http://kristof.blogs.nytimes.com/2012/09/19/the-inconvenient-truth-behind-the-diaoyusenkaku-islands/

# 附錄三　本書內容大事紀

## 第一部

### 一九七〇年

九月二日　四名《中國時報》記者登上釣魚台，將國旗插在島上，並在礁岩上漆寫「蔣總統萬歲」五個大字。

九月八日　日本駐華大使館以「節略」向我外交部表示，認為《中國時報》記者此一行為有傷中日兩國關係，並希望我外交部採取適當改正措施。

九月十五日　沖繩的警察將釣魚台我國國旗降下。

九月十六日　外交部沈劍虹次長召見美國大使館代辦安士德（Oscar Armstrong），遞交「口頭聲明」，重申釣魚台列嶼為台灣附屬島嶼之一，中國政府無法接受日本對釣魚台列嶼主權之主張。

九月十八日　外交部發言人魏煜孫對沖繩警察將我國國旗降下一事表示：「本人不擬加以任何評論」。

十月十五日　我外交部指出，釣魚台列嶼乃中華民國之領土，所以在釣魚台列嶼插旗或其他類似行為，日本政府無權過問。

十月二十四日　日本駐華大使館以「節略」陳述，尖閣諸島係所謂南西諸島之一部，為日本國之領土，乃毫無議論餘地之事實。

十月二十八日　外交部北美司司長錢復接見美國國務院中國科科長修司密（Thomas Shoesmith），要求美國在終止管轄釣魚台後，應將之交還中華民國。

十二月十六日　美國普林斯頓大學台灣與香港留學生成立「保衛釣魚台行動委員會」。

十二月二十一日　在東京召開「中日韓聯合開發海底資源會議」。

十二月二十九日　中國大陸《人民日報》發表文章，指出釣魚台為中國領土，並引述毛澤東講話：「中國的領土主權，中國人民必須保衛，絕對不允許外國政府來侵犯。」

## 一九七一年

一月二十九日　台灣和香港留學生在舊金山舉行保釣示威遊行。

一月三十日　台灣和香港留學生們在華府、紐約、芝加哥、西雅圖、洛杉磯、檀香山等地舉行示威遊行。

二月五日　台北《中央日報》發表社論，認為日本在其現行憲法與民主政體之下，不至於發展成軍國主義；又說，中共對日本軍國主義的指控，是政治宣傳，並無事實根據。此文引起許多保釣學生反感。

二月十日　中華民國教育部國際文教處長姚舜與國民黨第三組副組長曾廣順赴美安撫留學生。

二月十五日　加州大學柏克萊保釣分會出版《戰報》第一期「一二九示威專號」。

二月二十二日　美國國務院中國科科長修司密，代表尼克森回信給一位中國學生，重申美國將於一九七二年將釣魚台之「行政權」交還日本。

三月九日　中華民國黨政機構成立「海安小組」，處理保釣事宜，舉行第一次會議。

三月十二日　全美各地保衛釣魚台行動委員會聯名致函中華民國政府，提出十點要求。

三月十二日　我國駐日大使彭孟緝拜訪日本眾議員賀屋興宣，希望其協助使日本不在釣魚台建氣象站。

三月十五日　周書楷大使向美國國務卿以「節略」說明釣魚台列嶼與中華民國台灣省之關係。

三月十六日　加州大學柏克萊校區陳省身、田長霖等五百二十三位留美學人，聯名上書蔣總統。

三月十六日　我國外交部北美司在呈報部次長有關保衛釣魚台措施之簽呈中，提出許多建議，可歸納為強硬與溫和兩案。

三月十九日　總統府祕書長張群代總統函覆政府立場。

三月三十日　「海安小組」第四次會議，姚舜處長及曾廣順副主任建議政府應採之措施：一、日方籌建氣象台案，我應有更強硬之聲明，加以制止；二、三國談判開發資源案，我應聲明停止；三、派艦巡邏釣魚台海域並發布新聞。

四月二日　外交部次長沈劍虹約見美國駐華大使馬康衛(Walter P. McConaughy)，討論日本擬在釣魚台上建立氣象台事。馬大使表示，興建氣象站之事將不致發生。

四月五日　國民黨中央常務委員會會議決定，中日韓研究共同開發海底資源問題，此純為民間組織，更未牽涉釣魚台主權問題，此事應繼續進行。對派艦巡邏釣魚台海域做出如下決議：查中美海軍在台灣海峽之巡邏，曾經劃有界限，我們海軍不赴二十六度以北海域巡邏，現若超越此範圍，勢將引起美國之強烈反應，故須慎重處理。

四月九日　北加州保釣會在舊金山舉行示威遊行。

四月十日　美國、加拿大各地共有約兩千五百人前往華府示威遊行。

四月十日　中共邀請美國球隊參加在日本舉行的世界乒乓球賽後，訪問中國，隨行有《紐約時報》五位著名記者。

四月十二日　周書楷大使與美國總統尼克森(R. M. Niexon)、美國國家安全事務助理季辛吉(H. A. Kissinger)會晤，除討論美國對中共關係正常化之一些措施外，周提出釣魚台歸屬問題。該日下午三點，周大使與季辛吉、美國國家安全會議亞洲地區主任何志立(John H. Holdridge)會晤。周大使指出，在日本占領台灣與琉球期間，凡是有關尖閣群島之法律事務，都是由在台灣的法庭加以處理，而前往尖閣群島捕魚之漁船亦都來自於台灣，對於中國人而言，釣魚台牽涉到中國民族主義。

四月十三日　何志立向季辛吉提出備忘錄，指出美國在一九七二年將琉球與尖閣群島交還日本，但美國對主權的爭議不持立場，認為應由爭議國家直接解決。季辛吉對此一立場，手寫評語：「這是胡說，因為我們把這些島嶼交給日本，我們怎能維持更中立的立場？」

四月十四日　尼克森總統宣布改善與中共關係之五項新步驟(包括取消美國公民赴大陸的禁令)。

五月一日　密西根大學召開五四運動大會，開始討論「中國的聯合國席次問題」。

五月二十三日　三千位華人學者、專業人士在《紐約時報》刊登全版廣告，聯名發表〈留美學界致尼克森總統暨國會議員公開信〉，要求美國政府否認將釣魚台列嶼視為美國託管下琉球南西群島的一部分或任何主張，承認中國擁有釣魚台，譴責日本與琉球侵犯中國領土。

六月一日　《戰報》第二期，郭松棻以「羅龍邁」為筆名，發表〈打倒博士買辦集團〉一文。

六月七日　尼克森、季辛吉和彼得森(Peter G. Peterson)三人討論如何處理尖閣群島問題，決定仍將該群島交還日本。

六月十四日　美國五十二所大學研究中國問題學者一百一十人，在《紐約時報》發表聲明，視「中華人民共和國」為中國唯一政府，應給予它在聯合國一切組織中的合法席位。

六月十七日　美日簽訂「沖繩回歸協定」，將於翌年五月將釣魚台「行政權」及琉球交還日本。

七月十二日　行政院副院長蔣經國向美國駐華大使馬康衛抱怨說，日本迄今一直拒絕針對釣魚台問題跟我方進行任何有意義性的談話。

七月十五日　尼克森宣布，國家安全助理季辛吉已抵北京訪問，而他本人將於翌年訪問北京。

七月二十一日　美國參議院外交委員會通過廢止一九五五年所通過之「台灣決議案」，該案授權美國總統使用武力保衛金馬外島，這個決議之取消，等於外島將不包括在「中美共同防禦條約」之保衛範圍。

七月二十五日　總統府祕書長張群訪問日本。為了維持聯合國席位，積極洽請日本協助，他四度拜會日本首相佐藤榮作，也拜會外相福田赳夫。

八月二十日至二十二日　在美東布朗大學舉行「美東國是會議」，有美國東北地區中國同學四百人左右參加，支持台灣的只有三、五人。該會議最重要的決議案是：「中華人民共和國政府為代表中國之唯一合法政府」。

九月三日至五日　密西根大學附近舉行的「安娜堡全美國是會議」。這個會議最重要的決議是：「承認中華人民共和國的政府是唯一合法代表中國人民的政府」。

十月二十五日　中華民國退出聯合國。

十一月二十三日　周恩來總理親自接見李我焱、陳治利、陳恆次、王春生和王正方等五位美國保釣左派學生領袖，雙方晤談六小時餘。

十一月　美國參議院通過「沖繩回歸條約」。

十一月三十日　沈君山、許倬雲、李遠哲教授等一百名學人及學生簽署，向蔣中正總統提出上千言的「國是意見書」。

十二月二十四日至二十五日　左派學生與僑胞共三百餘人在哥倫比亞大學舉行「中國統一討論會」。

十二月二十五日至二十七日　在華府召開「全美中國同學反共愛國會議」，共有五百六十八人參加。會議中爭執最激烈之事屬聯盟的名稱，最後經過表決，以「全美中國同學反共愛國聯盟」（簡稱「愛盟」）作為新組織的名稱。大會對於台灣政府提出十大建議。

十二月三十日　中國大陸外交部發表聲明，要解放台灣並收復釣魚島。

**一九七二年**

五月四日　波士頓保釣會通過「致周恩來總理閣下函」。

五月九日　中華民國外交部聲明表示：「現美國將該列嶼的行政權與琉球一併『交還』日本，中華民國政府堅決反對。中華民國政府……絕不放棄其對釣魚台列嶼的領土主權。」

五月十三日　「愛盟」及紐約中華公所在紐約舉行抗議遊行，參加者有上千人，抗議美國將釣魚台交還日本。

五月十五日　美國正式將琉球群島和釣魚台列嶼之「行政權」交還日本。

九月二十七日　舉行中日邦交正常化談判。日本田中角榮首相與周恩來總理就釣魚台問題交換意見。周總理表示，現在談這問題不好。因為發現石油，這就成了問題。如果沒有發現石油，台灣和美國都不會把它當回事。

**一九七八年**

四月　一百多艘中共武裝漁船到釣魚台海域作業，與日本巡邏艇對峙了五天，中共副總理耿飆表示，此完全是偶然事件。

十月二十五日　中共國務院副總理鄧小平訪日，簽署「中日和平友好條約」。鄧小平表示，對於釣魚台問題，我們這一代缺少智慧，談這個問題達不成一致意見，下一代比我們聰明，一定會找到彼此都能接受的方法。

## 第二部

**一九七一年**

四月十三日　台大農經館牆上出現了兩幅白色長布，上面有偌大黑字：「中國的土地可以征服不可以斷送」、「中國的人民可以殺戮不可以低頭」。

四月十五日　台大、政治大學、師範大學僑生一千餘人前往美國大使館，抗議美國預備將釣魚台擅自送交日本。

四月十六日　政大學生三百人左右，又赴美國大使館遞送抗議書。

四月二十日 台大正式成立保釣委員會，展開許多保釣活動。

四月 《大學雜誌》發表九十三名學者及社會人士的〈我們對釣魚台列嶼問題的看法〉。

六月十七日 台大學生上千人前往美日駐華大使館遞交抗議書，指出美日簽訂「沖繩回歸協定」是「帝國主義式的『慕尼黑』在亞洲重演」。

七至九月 《大學雜誌》發表許信良、張俊宏等四人的〈台灣社會力的分析〉。

十月 《大學雜誌》發表由孫震、丘宏達等十五人署名的〈國是諍言〉。

十一月 胡秋原發表〈致留美學界書：對關心國事而左傾的留學生的一封公開信〉。

## 一九七二年

一月 張紹文、許仁真（許信良）、包青天（包奕洪）、張景涵（張俊宏）在《大學雜誌》發表〈論中國之前途：與國外留學生冷靜談國是〉，嚴正地譴責海外保釣左派人士。

一月 楊國樞等十九人發表〈國是九論〉。

二月 尼克森率國家安全顧問季辛吉一行前往中國大陸訪問，中美雙方簽訂「上海公報」。

二月 台大哲學系副教授陳鼓應、講師王曉波及同學錢永祥被警備總部約談，隨後三年內，台大哲學系共有十三名教師被解聘。

**一九七三年**

四月　《中央日報》連載筆名孤影所作〈一個小市民的心聲〉文章。

七月　釣運左派大將唐文標對台灣文學展開激烈的批評。他發表〈什麼時代什麼地方什麼人——論傳統詩與現代詩〉。

八月　《文季》出刊，是台灣第一個現實主義文學雜誌。該刊攻擊的對象為現代主義文學。

**一九七六年**

二月　《夏潮》出版。

**一九七七年**

四月　《夏潮》與其互通聲氣的《仙人掌》和《雄獅美術》，發動了鄉土文學論戰。

八月　台灣基督教長老教會認為美國正與中共關係恢復正常化、台灣有被中共併吞之虞，因此發表宣言，主張台灣成為新而獨立的國家。

十月　許信良違紀競選桃園縣長並當選，為國民黨開除黨籍，加速反對國民黨的黨外勢力上升。《夏潮》系統裡面如陳鼓應等人，加入政治選舉。

**一九七八年**

十二月　美國宣布與台灣斷交、和中共建交，政府發布緊急處分令，中止立委與國代選舉。

**一九七九年**

一月　發生余登發涉嫌參與匪諜案，遭受逮捕，一些黨外人士遊行抗議。

二月　《夏潮》被迫停刊。

八月　《美麗島》雜誌創刊。

十二月十日　美麗島事件發生，該日的遊行是黨外左右兩派（作者註：左派指《夏潮》人士，右派是台獨派）大會合。

**一九八〇年**

二月　美麗島審判期間，發生林義雄母親及兩名女兒被刺死亡、另一女兒遭受重傷事件。

四月　施明德被判無期徒刑、黃信介被判十四年、另六名黨外人士被判十二年有期徒刑。

**一九八六年**

九月　民主進步黨正式成立。

## 展望兼總結

二〇一二年

四月十七日　日本東京都知事石原慎太郎主張由東京都購買尖閣群島。

七月七日　日本首相野田佳彥宣布擬將尖閣群島國有化，引起中、日、台三方關係陷入緊張狀態。

八月五日　馬英九總統提出「東海和平倡議」，主張應擱置爭議，以和平方式處理爭端，合作開發東海資源。

九月二十八日　日本反右翼人士發表「終止『領土問題』惡性循環——日本市民的主張」，有千名以上的連署者，包括諾貝爾文學獎得主大江健三郎。

九月二十八日　日本名作家村上春樹以〈神髓交流之路〉一文，投書《朝日新聞》。

十月六日　中國大陸、台灣、日本、韓國等國民間學者、專家與和平人士數十位，在台北舉辦「民間東亞論壇」，事後發表「面對歷史、解決爭議、邁向和平聲明」。

# 保釣風雲錄：一九七〇年代保衛釣魚台運動知識分子之激情、分裂、抉擇

2013年1月初版
定價：新臺幣290元



| | |
|---|---|
| 著者 | 邵玉銘 |
| 發行人 | 林載爵 |
| 叢書編輯 | 翁雪凌 |
| 封面設計 | 陳姿秀 |

| | |
|---|---|
| 出版者 | 聯經出版事業股份有限公司 |
| 地址 | 台北市基隆路一段180號4樓 |
| 編輯部地址 | 台北市基隆路一段180號4樓 |
| 叢書主編電話 | (02)87876242轉225 |
| 台北聯經書房： | 台北市新生南路三段94號 |
| 電話： | (02)23620308 |
| 台中分公司： | 台中市北區健行路321號1樓 |
| 暨門市電話： | (04)22371234ext.5 |
| 郵政劃撥帳戶 | 第0100559-3號 |
| 郵撥電話： | (02)23620308 |
| 印刷者 | 世和印製企業有限公司 |
| 總經銷 | 聯合發行股份有限公司 |
| 發行所： | 新北市新店區寶橋路235巷6弄6號2樓 |
| 電話： | (02)29178022 |

行政院新聞局出版事業登記證局版臺業字第0130號

本書如有缺頁，破損，倒裝請寄回台北聯經書房更換。 ISBN 978-957-08-4107-7 (平裝)
聯經網址：www.linkingbooks.com.tw
電子信箱：linking@udngroup.com

國家圖書館出版品預行編目資料

保釣風雲錄：一九七〇年代保衛釣魚台運動知識分子之激情、分裂、抉擇
/邵玉銘著．初版．臺北市．聯經．2013年1月
（民102年）．256面．14.8×21公分
ISBN 978-957-08-4107-7（平裝）

1.保釣運動 2.釣魚臺問題

578.193 101023625